РОССИЯ: ТАК МЫ ЖИВЕМ

Владимир Якименко

РУССКОЕ ЗОЛОТО

АСТ
издательство Олимп
Москва 2002

УДК 821.161.1-3
ББК 84(2Рос=Рус)6-44
Я45

Серийное оформление
Кудрявцева А. А.

Компьютерный дизайн
Иващук П. А.

Подписано в печать с готовых диапозитивов 09.01.02. Формат 84×108[1]/32.
Печать высокая с ФПФ. Бумага типографская. Гарнитура «Школьная».
Усл. печ. л. 16,80. Тираж 10 000 экз. Заказ 2492.
Общероссийский классификатор продукции ОК-005-93, том 2;
953000 — книги, брошюры
Гигиеническое заключение № 77.99.11.953.П.002870.10.01 от 25.10.2001

Якименко В. А.

Я45 Русское золото / В. Якименко. — М.: ООО «Издательство «Олимп»: ООО «Издательство АСТ», 2002. — 316 с., [4]. (Россия: Так мы живем).

ISBN 5-17-012301-9 (ООО «Издательство АСТ»)
ISBN 5-8195-0763-0 (ООО «Издательство «Олимп»)

Герой романа, как и многие сейчас, живет не своей жизнью. Бывший филолог, он добывает из отслужившей военной техники настоящее чистое золото и мечтает обрести свободу. Но золото имеет тайное свойство — морочить доверчивых. Герой начинает игру, развязку которой мог предвидеть только один человек...

УДК 821.161.1-3
ББК 84(2Рос=Рус)6-44

ISBN 5-17-012301-9 (ООО «Издательство АСТ»)
ISBN 5-8195-0763-0 (ООО «Издательство «Олимп»)

РУССКОЕ ЗОЛОТО

Так мы и пытаемся плыть вперед, борясь с течением, а оно все сносит и сносит наши суденышки обратно в прошлое.

Ф. С. Фицджеральд. Великий Гэтсби

А может быть, все началось с дурных предвестий, которые посыпались вдруг в тот февральский день с утра?

Сначала выключили отопление. Невозможно было смотреть, как женщины в облачках пара от собственного дыхания подставляли сита под струи ледяной воды, встряхивая их на манер старательских лотков. Вода подхватывала и уносила мельчайшие серые кристаллы оловянных солей, зеленоватый медный налет. Желтизна загоралась ярче — как тысячи лет назад, запутавшись в завитках овечьей шкуры, которую стали называть золотым руном.

Потом золото в металлических чашках поставили на плитки сушить. А сами, расположившись у плиток, наслаждались теплом и минутным покоем.

И тут Валя сказала:

— Хусан хочет уехать.

— Всем холодно, — не поверил я.

Куда ему ехать? Ведь мы с ним завязли, как мухи в клейкой ленте, свисающей с потолка. Жужжим, рвемся, напрягаем силенки, сучим ножками. Но золото держит нас.

— Хусан хочет уехать, — повторяла как заведенная Валя.

Если спокойно разобраться, причин для отъезда у Хусана было множество: сумасшедшая ревность жены, жизнь с двумя детьми в тесной комнатке общежития, незнание, кто он теперь — эмигрант, иностранец или просто «лицо кавказской национальности». Но я все равно завелся:

— Выбрал, называется, момент. А может, он решил уехать из-за Вали?

— Он так красиво работает, так чувствует материал, — говорила обычно Валя, неотрывно глядя на Хусана с какой-то блаженной улыбкой.

— Э-э, ладно! Перестань! О чем ты! — смущенно отмахивался Хусан. — Просто я не могу обижать благородный металл. Вот тебя муж обижает, требует денег. Ты для него так — тьфу! Плевок! Пыль дорожная. Как такого можно любить? Как такому открывать себя?

— А уж это не твое дело! Не лезь туда, где ничего не смыслишь!

— Вот-вот, правильно говорил мой отец: «Женщина — это чужая лошадь».

У Хусана с Валей всегда так. То она плачет у него на груди, просит совета, он бегает за вином, тортом, цветами, и потом, закрывшись на ключ, они любят друг друга в большом продавленном кресле, под шорох сыплющейся сверху коричневой трухи, в которую превратились от паров азота стальные вытяжные трубы. То она называет его турецким пашой, деспотом, садистом, хамом, кричит, что она не гаремная женщина, и уходит, оглушительно хлопнув дверью.

Без Хусана мне будет конец, это точно. Потому что некем его заменить. Через него мы сдаем наши левые слитки. К тому же он здесь самый лучший работник. Не случайно именно ему приносят все золото, которое намыли. Он чистит его перед плавкой, убирая последние примеси.

Золотые чехольчики, покрывавшие еще недавно детали старых счетно-вычислительных машин, ракетных систем управления, Хусан отправляет в реактор и заливает смесью азотной и соляной кислот, известной под названием «царская водка». У меня всегда холодеет сердце, когда я вижу, как золото исчезает в растворе. Потеря настолько ощутима, что кажется безвозвратной. Тогда особенно остро чувствуешь призрачность удач, побед, призрачность всей жизни.

Хусан включает нагреватель. Примеси грязноватой пленкой всплывают наверх. Гнилостный цвет разложения окрашивает стекло.

Приближается самая нервная часть процедуры.

— Золото мучается. Надо помочь ему, освободить, — рассуждает Хусан, подрагивая точеными ноздрями породистого скакуна. — От родственников, да? От соседей. Им очень трудно, знаешь, оставлять его в покое. От всей этой компании, кто пристал по дороге и хочет закрывать его, прячет.

Он сыплет в реактор какой-то порошок. И там, словно внутри прозрачного философского яйца, начинается беспокойная суета рождения, пузыри, пена, отчаянные, задыхающиеся броски, чтобы вырваться наружу.

Но дно остается пустынным. Золота на дне нет. И в душу закрадывается страх, глухое уныние.

— Надо его попросить, — серьезно говорит Хусан, будто золото — женщина или капризный ребенок. Подобно магу, он гипнотизирует раствор. Губы чуть заметно шевелятся. Проходит минута, другая. Они тянутся вечность. И совершается чудо: коричневые пористые кусочки появляются на дне. Один, два, три...

Они напоминают выродков в сравнении с блестящими чехольчиками, но это и есть уже чистое золото. Хусан разминает кусочки в порошок и облегченно вздыхает:

— Вот оно и показало себя. Теперь мы поместим его на плитку. Чтоб стал сухой, как мальчик от любви. А потом можно плавить.

Я никогда не понимал, шутит он или говорит серьезно. Предчувствие перемены судьбы захлестывало меня. И я оглядывался каждый раз невольно, чтобы удостовериться, нет ли поблизости соглядатая. И вот что забавно: несмотря на внешнее спокойствие, то же самое вслед за мной проделывал Хусан.

И в тот февральский день, когда мы зашли к нему с Валей, чтобы прояснить ситуацию, он оглянулся, с побледневшим, строго подобранным лицом. И я немного успокоился, подумав: «Никуда ему от нашего дела не деться».

С плавкой у нас в тот день тоже вышла неприятность. От долгого употребления прохудился графитовый тигель, и золото во время плавки пролилось в печь. Это было уж слишком.

Кузьмич, правда, божился, что тигель выбрал самый прочный. Но я не слушал старика. Соврет — недорого возьмет. Ему-то что, ему перед Михалычем не стоять. Его не волнует, что теперь могут всплыть серьезные потери. И как мне их объяснять? Ведь никто не поверит. Даже слушать не станут. Известно, Михалыч заводится с полуоборота. Пойдут выяснения, дознания, разборки. А там и до Надькиного Бальзаминова, а то и до Грекова с его быками-костоломами рукой подать.

Незаметно наступили сумерки. Времени оставалось в обрез. Как выкрутиться из такой передряги, я пока не знал. Надо было просто перевести дыхание.

Я укрылся в кабинете и, не замечая стужи, примостился на подоконнике.

В такие минуты всегда хотелось одного — бросить всю эту замороку и бежать к чертовой матери! За тридевять земель, подальше от людей, в какую-нибудь деревенскую хибару...

— Тигелек этот я, как хорошую бабу, прощупал — от и до. Стенки толстые были, — заставил меня очнуться голос Кузьмича. Чего мечтать, ведь знаешь хорошо — тебя из-под земли достанут, если что. И уж тогда можно оркестр заказывать. — Вот я и решил — в этот раз пронесет, — частил между тем Кузьмич, почтительно замерев в дверях кабинета. — С новыми-то у нас, вы знаете, обстоит херовски.

Впалые щеки в седой щетинке, обтерханный темно-зеленый пиджак болтается, точно на пугале, на ногах какие-то музейные, дырчатые полуботинки. Но не мерзнет ведь, старый жулик, держится как йог. Вроде даже потеет. Лоб в легкой испарине, курносый нос малиново блестит.

— Ну что ты будешь делать! Не везет, скотобаза ядреная! Извините за выражение. Мы ж не фрицы какие-нибудь, чтоб все просчитывать да промеривать наперед. — И тут же, на всякий пожарный, переходит в атаку: — Учти, меня тоже на всех не хватает! Ведь только и слышно до ночи: «Кузьмич, сделай! Кузьмич, посмотри!» Интеллигенты, вашу мать! А я что, железный? У меня вон, врачиха сказала, пульс затухающий. В этот год пятьдесят ударов, в следующий — уже на один удар меньше...

Но голос выдавал волнение. И еще излишняя суетливость, потому что чувствовал старик собственную вину. Подошел почти вплотную, встал, буравя взглядом, с трудом, хрипло дыша. Я молчал. Нехорошая, долгая тишина повисла. И Кузьмич дал задний ход.

— Ох, наследил-то, наследил ненароком! — чтобы разрядить напряжение, всплеснул покаянно руками. И быстренько, деликатно, с денщицкой сноровкой выхватил тряпку из-под рукомойника, закряхтел, завозился на подагрических коленках. — Да вы не паникуйте раньше срока! Найдем выход, — бормотал он, глядя преданно, снизу вверх. — Печку мы сейчас разберем. С Хусаном, с Серегой. Они ребята молодые, яйца свежие. Будет все, как бабка отшептала. Отвечаю.

На Кузьмича нельзя долго сердиться. Известно: для русского человека вся жизнь — один большой безвыходный тупик. И он привык, живет себе потихоньку и каждый раз находит невидные с первого взгляда лазейки. Везде у него друзья-приятели: в отделе снабжения, в механической мастерской. Они ему все достанут, украдут — кислоту, селитру, фильтровальную ткань, колбу Бунзена. А если не украдут, не достанут, то он сам сделает, выточит на станке — ведь каждый в России по-своему немного Кулибин. И стоит только позвать: «Кузьмич!» — он тут как тут, стоит перед тобой, как лист перед травой: «Да вы не переживайте! Мы это все за полчаса управим».

С ним было хорошо. Потому что Кузьмич твердо знал свое место. И Хусан знал, и Валя...

Со мной только вышла неувязка. Когда-то, в

другой жизни, я был гуманитарием, доцентом университета, читал лекции, принимал экзамены и зачеты, писал книжки, а теперь... Я и сам не знаю, кто я теперь. Одни считают меня бизнесменом, другие — металлургом, без пяти минут доктором технических наук, третьи — сыном директора института, где мы создали ТОО. От первого брака. Нашлась даже дама из планового отдела, которая сопровождала директора, когда он забирал меня из роддома.

К четырем Кузьмич и Хусан разобрали и собрали печь, не забыв отбить и соскрести все пролившееся золото. Правда, при взвешивании его оказалось на двадцать семь граммов меньше, чем мы собирались получить. Но я был рад и этому, безумно рад. Ведь могло выйти намного хуже. Золото могло привариться к железным болтам, каркасу печки, и тогда уж его ничем не отодрать. А тут какие-то двадцать семь граммов. Да мы себе в карман больше кладем с каждой плавки. Чего говорить!

Через час выплавили и слиток. Кузьмич поддал вверх шток, Хусан перехватил щипцами вынырнувший из печи длинношеий тигель, мягко склонил его над изложницей, и полилась ослепительная золотая струя.

Скоро слиток лежал у меня на ладони. Он был еще теплый, излучал особую, глубокую, живую желтизну. Все сгрудились вокруг и смотрели.

— Гладкий, без каверн, — с усталым удовлетворением профессионала проронил Хусан. — И шлак прозрачный. Три девятки будет, думаю.

Он любил, чтобы все выходило первоклассно. Если не первого класса, то лучше ничего не надо. Ведь Бог хотел, чтобы в этом мире во всем был порядок. Поэтому надо стараться.

— Просто как произведение искусства, — полушепотом выдохнула Валя, словно видела золотой слиток в первый раз. В оранжевой куртке, в платке, она походила на ремонтницу с железной дороги. Но в глазах, прикованных к слитку, светились возбуждение, и светское кокетство, и мечтательность. — Скажи, ты бы мог сделать мне из него кольцо или сережки?

Все расслабились, напряжение спало.

— Сережки? — презрительно скривился Хусан, махнув рукой, словно сметал со стола мусор. — Таких бы слитков штук пять-шесть. И можно не думать ни о чем. Работай себе, занимайся наукой. — Лицо его утратило резкость очертаний, глаза подернулись влажноватой дымкой. — В детстве я мечтал найти клад. Когда в степи у моря овец пас...

— Конечно! Все или ничего. Ты не умрешь от скромности, — с мгновенным раздражением перебила его Валя.

Но я понимал Хусана. Слиток лежал у меня на ладони. Живое тепло еще держалось в нем. Все фантазии и мечты детства с их непременным предчувствием удачи, счастья как будто бы сосредоточились сейчас в этом куске металла. Шлиманы, Картеры и Карнарвоны; серые, словно запекшийся прах веков, камни с неведомыми письменами на вершинах холмов, под которыми покоилось древнегреческое городище... Плеск моря, крик чаек, библейское звяканье колокольцев по склонам, где вместе со стадами белых коз рассыпались рыбацкие домишки среди садов, акаций, виноградников. Лишь домик деда, отбившийся от стада, забрел почти к самой вершине. Именно там после ливня, в русле хилого ручейка-однодневки, петлявшего среди камней, я нашел свою первую золотую монету — персидский дарик. Четверть века назад он вот так же лежал у меня на ладони, притягивая взгляд своей желтизной, фигуркой коронованного человечка, словно выбитого наивной детской рукой. Человечек стоял на одном колене и натягивал лук. Его стрела попала в цель. Я чувствовал себя счастливейшим из смертных. Все сокровища мира уместились в тот миг у меня на руке.

Прошли годы, и что изменилось? Все те же неостывшие надежды, глупые мечты. Правда, мне уже тридцать семь, я лысоват, страдаю от геморроя, изжог и болей в пояснице по утрам. И нет у меня ни профессии, ни дома, ни жены, которую я так любил.

Осталось только золото. Теперь его надо везти и сдавать Михалычу, хотя так хочется не сдавать. Исчезнуть с ним. Обрести свободу.

Я помню, мне было двенадцать лет, когда дед, весь красный, голый по пояс, бежал за мной, левой рукой прихватив спадавшие семейные трусы. Парусами хлопал, бился и реял на ветру небесно-голубой сатин. Дед, заросший седой шерстью, походил на фрегат, окутанный пороховой дымкой. В правой руке у деда качался горячий утюг. Бабушка гладила ему через марлю поясницу, когда он увидел меня, спускающегося с чердака. Под стрехой в холщовом мешочке дед хранил свои бесценные золотые монеты. Ну а я лишь караулил подходящий момент.

Около пяти я позвонил Михалычу, чтобы выслал машину с охраной.

И тут меня поджидала еще одна новость.

«А все машины в разъезде», — извиняющимся тоном сказала в трубку Лена, секретарша.

Странное дело, Михалыч сам сто раз твердил, чтобы без машины и охраны не возили слитки. А ведь у меня теперь их накопилось целых семь. Тысяч на восемьдесят зеленых. Сумма серьезная. Мне и своя жизнь, между прочим, дорога.

Михалыч был бодр, возбужден, сыпал похвалами. По голосу слышно — растроган, доволен, может, уже в уме подсчитывал навар. Но мне-то от этого какой прок? Тем более что завершил разговор он своим коронным: «Решай сам. Имей только в виду — слитки мне нужны сегодня».

Делать нечего: через сумрачную проходную, где в застекленной комнатке дремал усталый охранник, я вышел на улицу. Мороз ослабел, повалил мелкий снег. Деревья, дома, чугунные высокие ограды, воробьи и галки — все, припорошенное белым, расплылось, смазалось, притихло, затаилось. И даже шум проносящихся по проспекту машин стал глуше, и фары желтели, словно огоньки заблудших душ, нашедших вдруг дорогу к дому.

Я шел, слушая, как под подошвами лопаются крохотные тугие воздушные шарики.

И тут показалось, что кто-то недвижно, тяжело уперся взглядом мне прямо в спину.

Позади не было никого. И чахлая тополиная аллейка, тянувшаяся вдоль проспекта, выглядела пустынной. Только на маленькой дорожке, шагах в двадцати, стоял у тротуара черный «опель» с тонированными стеклами.

Я двинулся дальше и услышал за спиной шум мотора, «опель» пополз за мной. Я остановился, и тут же замер он. Опять пошел и понял — от «опеля» не отвязаться. И хоть я представлял не раз нечто подобное, теперь ясно почувствовал, что это не укладывается в голове.

Пропали, будто провалились, редкие прохожие, шумный проспект. Возникло странное ощущение: я словно наблюдал за собой со стороны. Похоже было на тяжелый сон, ночной кошмар, когда опасность подбирается к тебе, а ты застыл в гнетущей пустоте, в сиротском, знобком одиночестве и не находишь сил, чтоб сдвинуть ноги с места... Вот сейчас «опель» поравняется со мной и дюжие парни с носами боксеров, с широкими деревянными лицами втащат меня внутрь, сдавят плечи, чем-нибудь тяжелым хватят по башке...

Нет, я не хотел пропадать вот так, внезапно, нелепо. С усилием я сделал шаг, потом еще один, быстрее и быстрее, стараясь держаться поближе к домам, подальше от проезжей дорожки, от «опеля», пока не влетел в двери ближайшего магазина.

Влетел, с трудом переводя дыхание, и сразу посмотрел в витринное стекло в надежде, что «опель» мне просто привиделся. Мы все сейчас слишком мнительны, загнанны, нервны. Но «опель» стоял прямо против дверей магазина, отливая траурной чернотой.

Конечно, им нужен мой портфель, где лежат слитки. В этом я не сомневался. А что там еще?.. Рабочая тетрадь, накладные, бутерброд с сыром и на самом дне рисунки семилетней дочки. Она сунула мне рисунки в портфель год назад, на счастье, взяв слово, что я буду всегда носить их с собой: цветок в стакане, яблоко, семья ежиков из сказок, которые я рассказывал ей перед сном. И я носил. Суеверие плюс сентиментальность. А может, эти листочки помогут в случае чего опознать меня? Ведь дочка приписала внизу фамилию и имя.

Тут мои мысли прервались. Я увидел — у «опеля» распахнулась задняя дверь. Медлить было нельзя. Я поднял крышку прилавка.

— Вы куда? — вскрикнула и качнулась, чтобы перекрыть мне путь, продавщица — гора перекошенного мяса, дрожавшая, как холодец. Глаза ее вылезли из орбит. — Стойте! Сюда нельзя!

— Тихо! — выдавил я чуть слышно, ощутив безмерную округлость ее живота. — За мной гонятся. — И стал совать ей сотенную бумажку.

Схватить меня толстуха не решилась. Вид ее говорил: «Мало ли, пырнет еще чем-нибудь». Но деньги, пользуясь моментом, она взяла, взвизгнув мне в спину: «Маша!» И еще, кажется: «Где охрана?»

Я вмиг оказался в узком, словно кишка, коридоре, заставленном какими-то бочками, ящиками, тюками. Ноги сами понесли меня в сторону, откуда тянуло сквозняком. Поворот, еще один. Наконец я увидел долгожданный просвет, который тут же и пропал, заслоненный двумя грузчиками и тележкой, доверху забитой картонными коробками. До меня донеслось:

— Распилил мне чердак и говорит: «Же ву зи жу пру». Что в переводе с ихнего значит: «Не хера ж, какая колоссальная живучесть». А я ему: «Это все, профессор, наши сибирские пельмешки...»

Я прижался к стене, тележка, громыхая, поравнялась.

— Эй, друг! — вдруг подал голос другой, молчавший до сих пор грузчик, заметив меня, и повел подозрительным взглядом туда, где по извивам коридора катился снежным комом шум погони. — Ты чего здесь?

Я протиснулся между тележкой и стенкой. Грузчик выбросил руку: «Стоять!» Я отпрянул, пытаясь прошмыгнуть к спасительному просвету, из которого тянуло хрустким холодком февральской ночи, жизнью тянуло.

Неуклюжие пальцы грузчика с натужным треском заскользили по спине. Я рванулся. И тут же почувствовал удар в лицо, потом еще один. В глазах потемнело. Я качнулся, стараясь не упасть. Теплая струйка побежала из носа, посолонила самый край губ. Я шагнул вперед и побежал, зажав, подобно утопающему, в окостеневших пальцах ручку портфеля.

Двери на улицу были раскрыты. У дверей стоял фургон.

— Держи его, бляха! Уйдет! — хрипло орали сзади и, казалось, дышали в затылок.

Я прыгнул с невысокого крылечка и припустил вдоль стены дома к черневшей невдалеке арке, петляя, чтоб не попали, если начнут стрелять. Замелькали заборчики, сугробы, бездомные собаки в дыму канализационных люков, как в парилке, заснеженные машины, грибки, гаражи. Потом вновь вынырнул проспект, киоски в сети цветных лампочек и снегопада, снующий во все стороны народ, среди которого так легко затеряться.

Наконец я провалился в спертую духоту метро. И даже не успев всей мерой осознать сказочность своего спасения, погнал вперед по переходу — мимо калек, юродивых, бездомных, гнусавых слепцов, продавцов всякой дряни.

Вскочить в отходящий поезд я не успел. Меня

опередил сосед с огромным баулом, сумевший сунуть голову в дверь. Конвульсивными, лунатическими шагами он двинулся вслед за поездом по платформе, в то время как прищемленная голова отчаянно завывала внутри вагона, моля о спасении.

Поезд натужно вздрогнул и замер. С безразличным шипением разомкнулись двери. Бедолага плевком шлепнулся на платформу. Поезд исчез. Это была первая минута, когда я смог перевести дух и подумать.

Откуда же взялся этот «опель»? Что там сидел за народ? Кто навел? Ведь крыша у нас была прочнейшая. Михалыч и Надежда страховали нас капитально. Михалыч, бывший работник ЦК КПСС, через официальные органы — РУБОП, ФСБ. И в Пробирном надзоре у него сидели свои люди, и в Комдрагмете. Поэтому проверяли нас всегда культурно, вежливо, с уведомлением за месяц, а не как некоторых, словно снег на голову, с ОМОНом, со шмоном, когда кладут на пол или ставят к стенке, пыль со столов сметают, в мусорных ведрах шарят, в печах скребут, растворы и всю хурду-мурду прямиком волокут на анализ. А со стороны Надежды нас крышевал Греков и его балашихинская братва.

Но кто же знает? Иногда какая-нибудь ничтожная мелочь... Или за Хусаном потянулся хвост, когда он сдавал землякам наше сверхплановое золотишко...

Это мы называли — восстановить социальную

справедливость. Мы же не бобики — от зари до зари на чужого дядю бесплатно пахать! А у Михалыча, стоило только до денег дойти, начиналась старинная песня: «Период трудный. Надо подтянуть ремни. А то вон какие шайбы себе понаедали! Щеками за косяки задеваете. Лучше сырья закупить побольше». Ну и давай, как говорил Кузьмич, «козу пасти». Не остановишь.

В результате мы получали половину того, о чем договаривались вначале. Нет, мы не спорили, не возражали, не пытались качать права. Просто своими скудными силенками, как могли и умели, по зернышку, по крошке, по кусочку.

А может, Михалыч сам что-то пронюхал и решил нас проверить, тряхнуть? Ну что ж, скоро увидим...

Я прошел по платформе к тому месту, где останавливался первый вагон. Там было зеркало. Потянувшись на цыпочках, я поглядел на себя. Показалось: затылок мой стал зрячим. Передо мной мельтешила толпа — шубы, куртки, пальто, серые смазанные лица завивались в воронки, как мусор, гоняемый сквозняком. Впереди торчала на тонкой шее моя отрезанная голова. Под глазом набухала фиолетовая блямба, на подбородке запеклась кровь.

Ощущение затравленности, загнанности, враждебности мира переполняло меня. Я понял, что созрел для мести, для реванша.

«А что? Напали, вырвали портфель, а там лежали слитки. Они же неучтенные, «левак», поэтому с отчетностью все будет чисто, то есть без следствия, без Петровки. Сойдет на тормозах. Тем более что это идея Михалыча — везти слитки сегодня, на ночь глядя. И «опель» тянулся за мной почти что от институтских ворот. Да при таком раскладе не в интересах Михалыча лишний шум поднимать. Хотя... — на всем скаку остановил вдруг я себя, — если все слитки сразу, — такое начнется... — От одной этой мысли холодная испарина выступила на спине. — Вот, скажем, если один или два... Остальные, к примеру, оставил в сейфе. И объяснение в таком случае готово — куда же их все-то было везти. Ночью, без машины, без охраны. Почти восемь кило желтизны в чистоте.

От восьми кило отщипнуть скромненький кусочек... Тысяч на десять, двадцать, двадцать пять... По крайней мере, судьба дает шанс. Только надо все быстренько взвесить, прикинуть, просчитать...»

Выйдя из метро, я уже знал, где оставлю портфель со слитками. Может, для этого и появилась этой осенью в моей жизни Таня, жившая очень удобно, в районе Бронных, совсем недалеко от конторы Михалыча.

В переулках стоял полумрак. Желтели и розовели старые особняки. С церковной колокольни скатывался по куполам виноградинами бойкий перезвон.

Раньше всегда переулки навевали неторопливые, меланхолические мысли. Представлялись фруктовые сады в цвету вокруг особняков, чаепития в плетеных креслах, на открытых верандах, патефон, чуть сонная, размеренная жизнь. Ну а в семнадцатом веке на месте особняков стояли боярские хоромы. А до боярских хором по кочковатым заболоченным лугам, опушенным колючим подлеском, скитались стада диких коз, и сам святой Спиридон, по преданию, пастушествовал здесь.

Теперь я не испытывал и капли прежней меланхолии. Слишком многое было поставлено на кон. Болезненное возбуждение и чувство дышащей в спину опасности не отпускали меня. То и дело чудился за спиной шум мотора. Разумом я, конечно, понимал всю нелепость своих страхов. И все равно каждый раз прижимался к ближайшей стене или шмыгал в темную подворотню, пережидал минуту, другую, вслушивался в тишину или следил, как, вынырнув из снежной пелены, проносится мимо шальная машина. Тогда облегченно вздыхал и снова шел, постоянно чувствуя присутствие черного призрака за спиной.

Пятиэтажный серый Танин дом торчал среди особняков, как мрачный отставник-пикетчик в замызганном френче. Я поднялся на третий этаж.

На мой звонок в квартире раздался воинственный лай грозного сторожевого пса. Дверь открылась, и прямо под ноги черным курчавым клубком выкатился толстый американский коккер

Гоша. Короткий его хвост трепетал от ярости, как бы предупреждая: «Ну, сейчас разорву!» И только тут с непоправимым опозданием Гоша понял, кто это перед ним. Он попробовал тормознуть, наступил себе лапами на уши, с придушенным визгом подлетел в воздух и рабски распластался на полу, всем телом содрогаясь в мелкой дрожи.

— Ну что же ты, парень! Не узнал? — сказал я и взял его за поникшие уши. — Ай-яй-яй!

Гоша задышал часто и глухо застонал. Ужас, покорность, предчувствие боли, сладострастный восторг, ожидание щедрых подачек смешались в утробном стоне маленького истеричного девственника, ненасытного обжоры, готового все забыть и простить за морковку, сухарик, потому что жажда насыщения у него была сильнее страха смерти.

Я втащил Гошу в прихожую и закрыл дверь. Пес выглядел довольно жалко. А ведь совсем недавно мы были с ним соперниками. Я вторгся на его территорию. Я вел себя как хозяин: я болтал без умолку, сидя за столом, пил чай, хрустел печеньем. После чая обнимал Таню, расстегивал ее блузку, целовал шею, грудь...

Гоша впадал в ярость. Он бросался на меня, истошно лаял, глаза наливались кровью. Никакие уговоры не могли успокоить его.

Таня начинала нервничать, хватать меня за руки. Она боялась, что Гоша покусает меня. Еще она боялась за его нервную систему: сердце толстого маленького ревнивца могло не выдержать перегрузок.

Вместо того чтобы немедля заняться любовью, Таня предлагала погулять под дождем без пса и разойтись по домам после серии пионерских поцелуев. Терпение мое быстро лопнуло. Я попросил оставить нас с коккером одних.

Стоило Тане уйти, как Гоша сейчас же притих. От него несло чесноком (Таня давала ему каждый день от глистов по дольке). От волнения он то и дело пукал. Дух стоял нестерпимый, но я стоически сносил все. Я смотрел в черные глаза не мигая. Зрачки пса блестели, как кусочки стекла под дождем. В полном молчании тянулись минуты. Вдруг Гоша жалобно пискнул и попятился задом под стол.

С тех пор мы больше не конфликтовали, не считая тех мелких случаев, когда совершенно бесшумно он пытался подглядывать в приоткрытую дверь. Но и тогда даже звука моего голоса бывало довольно, чтобы Гоша бросался на кухню и прятался за холодильник. Бегал он суетливо, виляя обширным задом, похожий на раскормленную подавальщицу в пристанционном буфете.

В первый миг в прихожей, увидев мою физиономию, Таня вскрикнула, но тут же осеклась, поймав мой недовольный взгляд.

— Вот так, — проговорил я сквозь зубы с нарочитым холодком, тиская Гошу. — Сейчас надо тихо сидеть. А то башку оторвут.

С усталым равнодушием, готовым в любую минуту смениться досадой и раздражением, я наблюдал, как Таня пробует взять себя в руки, пытается изгнать тень страдания с удлиненного, словно бы прищемленного юного лица.

Страдание было ее уделом. Она страдала из-за коккера, из-за своей скованности в постели, из-за природной деликатности, совсем неуместной теперь и смешной. И еще из-за страха, что я брошу ее.

— Ты такой замечательный, — шептала она в редкий миг сердечных откровений. — Ты так снисходителен к нам. Ко мне и к Гоше.

Били башенным боем напольные часы в резном футляре, напоминая об утраченном уюте, о порванной обивке на входной двери, рассыхающихся стульях с фигурными спинками, чинно обступивших стол, единственной вязаной кофте с пожелтевшими старомодными кружевами. Предки Тани сходили медленно со стен и скорбным ритуальным строем окружали нас: женщины в длинных светлых платьях, мужчины с тросточками, в сюртуках, потом шли личности попроще — с бородками, в толстовках и в пенсне. Юристы, геологи, инженеры. Семейное их древо засыхало. Заласканная родителями, бабушками, тетушками, девочка выросла и осталась на свете совсем одна. У нее был теперь только Гоша. Да и тот чуть не погиб от чумки год назад.

За что же я так мучаю ее и собаку? Ведь я не злой, не жестокий человек. А вот за что — меня обидели. Долбаное наше государство, Михалыч, теща, бывшая жена. И даже маленькая дочурка, которая сказала: «Мне с тобой скучно, папа. С дядей Ильей веселее». Скучно со мной, который возил ее на закорках, устраивал в лесу раскопки древних кладов, городов. Забравшись на диван с ногами, мы могли по полдня фантазировать или затевали домашний театр с танцами и клоунадой. А теперь чужие мужики живут с ней под одной крышей, водят ее за ручку...

Ну о каком сострадании к ближнему, о каком доверии можно тут говорить? Естественно, я не святой, не ангел. Но и меня надо попробовать понять. Вышло так, что уже год как я живу в своей прежней квартире, у матери, в окружении старых вещей и бесчисленных книг. Вещи помнят, как я исполнял «Танец с саблями» под фортепьянный мамин аккомпанемент; как отец читал мне Гофмана перед сном, присев на край кровати; как однажды, в разгар зимы, из шоколадной куколки, которую я привез с юга, вывелась бабочка — ночной павлиний глаз. Сначала я увидел в залитой солнцем комнате на полу какое-то сморщенное, мокрое, дрожащее существо и выскочил в страхе звать маму. А когда вернулся, огромная, темно-бархатная, глазастая бабочка сидела, изумленно трепеща крыльями, на спинке кресла. Потом мама усыпила ее ваткой с эфиром и проткнула иглой. Я был так потрясен, что в тот же день сделал первую в жизни попытку запечатлеть происшедшее на бумаге.

Я стал вести дневник. Следом за описанием

бабочки я рассказал историю о том, как в один день рухнул мир моего детства. Авторитет родителей затмили дворовые кумиры. Знакомство с одним из них, Веней Сопливым, просто ошеломило. Он подошел ко мне у качелей, спросил, как меня зовут, потом неторопливо расстегнул штаны и, пока я пытался сообразить, что он замыслил, с сосредоточенным видом помочился на меня.

С годами до меня дошло — так делают коты, собаки и другие звери, помечая свою территорию. Но в тот миг я чуть не умер от позора и унижения. Впрочем, с тех самых пор мы с Веней закорешили. Он стал моим покровителем и защитником и уже, как закоренелый наркоман, дня не мог прожить без моих историй о золотых кладах, о затонувших кораблях.

Дневники, старые рукописи — следы пребывания двух поколений, занимавшихся бумагомаранием, — теперь сыплются отовсюду вместе с муравьями и шустрыми рыжими тараканами. А ведь когда-то были чтения вслух, споры до хрипоты, шумные вечеринки после первых гонораров, звонки, поздравления, мечтания о славе, красивые девчонки, остававшиеся ночевать, грезы о той единственной, которая станет женой и матерью твоего ребенка...

Теперь каждая вещь всем своим видом говорит: «Твоя жизнь не удалась. Ты — неудачник». Похоже, вместе с тещей и бывшей женой все вещи в квартире только и ждут того часа, когда я сопьюсь, превращусь в ничтожество, скачусь в нищету. Ну уж нет, хрен вам в зубы! Парочка слитков из тех, что лежат у меня в портфеле, потянет тысяч на двадцать пять зеленых. И это еще не считая моих накоплений.

Гоша с безумными глазами отчаянно повизгивал в моих руках. Говорят, собаки, как и кошки, снимают напряжение. Во всяком случае, мне стало легче. Я бросил Гошу, и он, взъерошенный, едва живой, стрелой улетел в свое укрытие, за холодильник, даже не попытавшись получить подачку за понесенный моральный ущерб.

Настало время чмокнуть Таню в щеку, пресечь попытки смыть кровь с моего лица. Я на ходу пробормотал, что мне некогда, забегу позднее, а пока в качестве залога оставляю ей свой портфель.

Вот когда пригодились Танины сдержанность и деликатность. Она даже не спросила, зачем я прячу портфель за обувным ящиком в стенном шкафу. Сделала вид, что это моя особенность — держать вещи в самых неподходящих местах. Но в ее честности я был абсолютно уверен, хотя и защелкнул замки у портфеля на код.

Наконец я оказался на улице. Снегопад не прекращался. Под звон колоколов в кладбищенской тишине переулка страх снова охватил меня: «Куда я иду? Зачем затеял все это?» И ясная мысль: «Я играю со смертью».

Может, вернуться, забрать портфель, вручить Михалычу слитки, не затевать смертельную игру? Но отчего-то я не возвращался, а размашисто шагал, почти бежал вперед. И только одна мысль стучала в голове: «Ничего, как-нибудь пронесет, обойдется».

Контора Михалыча располагалась на первом этаже недавно отремонтированного ампирного особнячка, выкрашенного в детский розовый цвет. Вооруженные охранники при входе, завидев мою разукрашенную физиономию, сразу же напряглись, напружинились, но, получив пропуск, признали и пропустили.

— Боже, что это с вами? — ахнула секретарша Лена, когда я безмолвно возник на пороге приемной, как посланник из мира теней.

— Видишь, какая рожа, — усмехнулся я в ответ. — Вот что значит возить желтизну на себе. А ведь я Виктора Михайловича предупреждал.

Из-за обитой кожей двери доносился чуть приглушенный голос Михалыча: «Я хочу, чтоб вы знали — мы оправдаем доверие. Тут не должно быть у вас никаких сомнений. Черных дел нам Господь не простит».

Лена сказала, что Виктор Михайлович заседает с генералами из Центрального управления армейскими матресурсами, по директивам которых и поступало к нам из воинских частей основное сырье.

Генералы любили иметь дело с Михалычем. Платил им Михалыч хорошо и, в случае чего, всегда мог прикрыть, пользуясь своими обширными связями. Генералы знали — с Михалычем у них не будет неприятностей, к нему не просто подвести подкоп.

— Да для меня одно то, что такие люди, не побоюсь сказать, с большой буквы, нашли время, приехали к нам, — выводил Михалыч за дверью знакомые до печенки слова. — Мне-то что, мне нигде, ничего и никак... Главное, объединить усилия, помочь разумным и здоровым силам... Чтобы разная шушера не вывозила из страны золотой запас, не разоряла державу.

Михалыч всегда говорил речи истово, самозабвенно, чтобы потом, в покойные минуты, наставительно изречь: «Мы — ребята с придурью, но не дураки».

Генералы на его счет не обольщались, больших вольностей себе не позволяли, но тоже не без удовольствия участвовали в игре. В благоговейной тишине поднимали затуманенные рюмки, сладко похрустывали огурцами, тянулись к розовой семге, ветчине. Когда насыщались, затягивали песни.

Порой в программу включались и танцы. Для этой цели приглашались девицы из бухгалтерии, а случалось, и Лена. Генералы топтались под музыку, перемигивались, травили забористые анекдоты, исподтишка пощипывали за соблазнительные места девиц. Девицы, как водится, вскрикивали, визгливо смеялись, закатывали глаза, но твердо прерывали попытки того или иного героя скинуть на время мундир и рубаху, показать загар, или мускулатуру, или заветный боевой шрам в самом что ни на есть интересном месте. Генералы знали, что Михалыч не потерпит ничего предосудительного у себя в конторе, где, не считая невинной привычки путать мат с диаматом, царил вполне патриархальный, строгий нрав.

Голос Михалыча за дверью прервался. Значит, пришла пора объятий, поцелуев со старшим по чину. Или уперлись локтями в стол, сцепили руки и начали меряться силой — кто кого пережмет. По окончании силовых упражнений старший по чину обычно по-свойски вставлял:

— А ты жилистый парень, Михалыч! Мотовилиха-матушка, видно, дает себя знать.

— Словам тесно, а мыслям просторно, — подхватывал на лету Михалыч и даже начинал слегка вибрировать всем телом и потеть от невыразимых чувств. Черные остренькие глазки заволакивала слеза, волосы прилипали ко лбу.

— Да вы хоть понимаете, что вам цены нет, золотой вы человек! — вдруг вырывалось у него сдавленное, будто против воли. И, подойдя с серьезным видом, Михалыч кланялся генералу поясным поклоном. Недоставало только кожаного фартука и ремешка на лбу, а так — ни дать ни взять — мастеровой с демидовских заводов благодарит его превосходительство.

Потом шли непременные рассказы о жизненной школе: о нужде, о слепом отце, бывшем мастере-литейщике с Мотовилихи, который всегда учил доходчиво и просто — если только где, что и как, сразу — хрясь! — по соплям со всего размаху. Генералы одобрительно гудели: «Это по-нашему. Мудрый мужик. Правильное воспитание». И лезли опять с поцелуями, с объятиями: «Хитер ты, Михалыч! — грозили пальцем. — Знаешь, как к сердцу русского человека дорожку протоптать».

После таких посиделок обычно сырье начинало идти к нам составами. Мы его разбирали, сортировали, часть для прикрытия посылали в Щелково, на тамошний аффинажный завод, часть растворяли в йоде или в кислоте, плавили в слитки и сдавали ювелирам за наличные. А ювелиры, как им и положено, делали украшения, клеймили их контрабандными клеймами в задних комнатах магазинов и выставляли на продажу. Все были довольны. Генералы получали свое, Михалыч с Надеждой — свое, да и нам тоже кое-что на бедность перепадало.

Тут Лена наконец решилась и сообщила Михалычу обо мне. Просто: «Виктор Михалыч, такой-то вас ждет».

Эх, как же оживился ни о чем еще не ведавший Михалыч! Уснувшее, казалось, красноречие вновь пробудилось в нем.

— Говорят, в России нет технологий; говорят, на заводах — потери, аналитика, хер знает, допотопная, — полилось тотчас из-за двери. — Все тащат на Запад. А вот пришел один из наших молодых умельцев, ученый, без пяти минут доктор, профессор. Этим же ребятам памятники надо ставить! И мы поставим, час придет. А пока поддерживаем из своих средств, сохраняем для государства, даем работу. Ведь такое выделывают, просто глазам не веришь. Все извлекают, что в ломе сидит. Все металлы — цветные, редкие — до последней граммульки. Про драгоценные не говорю, сами знаете. И природе никакого вреда, заметьте.

Слова Михалыча нисколько не удивили меня. Они с Надеждой затеяли целую историю, надеясь пробить под внедрение отечественной технологии крупный госкредит. Миллионов на десять зеленых. И хоть технологии не было и в помине, работа шла давно и приближалась к завершению. По правилам игры светилу металлургии, то есть мне, все чаще приходилось выступать перед руководством Комдрагмета, перед чиновниками из правительства, перед маршалами, адмиралами. Мероприятия готовил Михалыч. За редким исключением, все они проходили на ура. И даже в журнале «Металлы» начали появляться статьи, где среди авторов значилось и мое имя.

Распахнулась дверь, вместе с табачным дымом и спиртовыми парами в предбанник вывалился Михалыч, маленький, поджарый, крепкий. Но, увидев меня, так и замер с открытым ртом, с разведенными для объятий короткими, волосатыми руками.

— Это что с тобой?.. Это как?

Предусмотрительная Лена быстренько притворила за Михалычем дверь, предоставляя генералам возможность самим распоряжаться столом. Я покаянно и убито начал рассказывать про «опель», и как вырвали портфель, в котором лежали слитки, и как сам чудом спасся.

Михалыч не дослушал. Его точно водой ледяной окатили, и он, крякнув, пришел в себя.

— Ты что же, хочешь сказать, что все слитки... Педераст! — Грудь его под рубахой надулась, словно у голубя-дутыша, голос окреп, бешенство выжгло до белизны глаза. — Думаешь, мне можно мозги пудрить?.. Детские сказки... Какой-то «опель», к херам, приплел... Я же тебя, как Буратино, вверх ногами сейчас подвешу и пока до последнего слитка все не вытрясу... Живым ты отсюда не уйдешь! Ты меня знаешь! Я просто так, на ветер, не буду брехать.

Внутри у меня все сжалось. Нет, я, конечно, понимал, что ничего страшного он со мной сделать не сможет. Иначе их с Надеждой планы мгновенно рассыплются в прах.

Но уж слишком крутой он заложил вираж. Надо было, не медля, выбрасывать козыри. Кое-как справившись с голосом, я напомнил Михалычу, что он же сам не прислал за мной машину и охрану, а ведь договорились ясно — в портфелях слитки не возить. И сам же требовал, чтоб обязательно сегодня, на ночь глядя... Зачем такая спешка? Странно... Правда?.. И «опель» следовал за мной почти что от институтских ворот. Как будто они точно знали место, время...

Мой расчет оказался верным. Михалыч переменился в лице.

— Ну ты загнул! — услышал я и с облегчением увидел знакомые кроличьи глаза. — Хотелось просто генералам живое золотишко показать.

Напряжение чуть спало. Я поздравил себя. Да и как могло быть по-иному? Ведь храбростью Михалыч не отличался. Я понял это давно. Еще когда, работая в ЦК, он закрутил роман с Надеждой.

Она была на нашей кафедре обычной лаборанткой. Познакомились летом, во время приемных экзаменов. Михалыч устраивал на наш факультет своего младшего сына-обалдуя. Однажды, когда сидели в лаборантском закутке за шкафами и пили чай, — обалдуй в это время со всей абитурой писал сочинение, — Надежда сказала, что у Михалыча страшный сглаз. Такой, какой бывает, когда глазят близкие люди. Михалыч, естественно, бодренько хохотнул, не поверил. Тогда Надежда достала из стола свечку в маленьком медном подсвечнике, зажгла ее и, укрепив у Михалыча на голове, стала мелко крестить его и шептать что-то. Свечка взорвалась, разлетелась черным прахом, густой копотью. И я увидел тогда в первый раз эти кроличьи глаза.

— Так, значит, около восьми кило пропало?.. А?.. Все подчистую? — тревожно, словно в бреду, бормотал он.

Передышка, похоже, закончилась. Я подобрался и сосредоточился, готовясь вновь пройти по жердочке над пропастью — опаснейшим путем.

— Ну почему же около восьми? — дождавшись нужного момента, начал я. — Пропало килограмма полтора. Я ведь взял только два слитка. Как чувствовал, не надо рисковать. Пусть теперь говорят, что нет провидения.

— Чего же ты молчал! — вскрикнул Михалыч с такой силой, словно только что вновь народился на свет. — Угробить меня хочешь? Я-то думал, зарезали нас без ножа.

Он сразу же воспрянул, стал грозить, но уж теперь не мне, а тем из «опеля», тем, кто посмел, и на кого он готовился обрушить милицию, контрразведку, ФСБ. Потом остыл, сказал, что Наде надо для начала по своим каналам справки навести. А то ведь ФСБ — это такое дело, обоюдоострое.

Договорились, что я отправлюсь к Наде и все ей расскажу. А уж она решит. Но старый лис так до конца и не верил мне и все никак не хотел отпускать к Наде без машины. Твердил: «Довольно приключений». Поэтому пришлось ждать еще около получаса, то и дело поглядывая в разрисованное инеем окно, пока не встала у подъезда, взвизгнув тормозами, голубая «вольво».

Шоферу Славе, стриженному под бобрик толстяку, Михалыч сказал: «Из рук в руки передашь». И, вздохнув, добавил: «Тут нужны глаза да глазки».

Последняя фразочка неприятно кольнула

меня. Может, он играет со мной комедию? Эх, не стоило все это затевать!

Врывались в салон красные, оранжевые, сиреневые огни и тут же гасли. Машина шла с легким шипением, приятно пружинили сиденья, дышавшие запахом дорогого одеколона и хорошего табака. В какой-то обморочной полудреме я думал: «Вот и опять Надя станет решать мою судьбу». Как и три года назад, когда она возникла вновь почти что из небытия на центральной мраморной лестнице факультета.

К тому времени Надя давно уже не работала на кафедре. На телефонные звонки то бывший муж, то соседка-пьянчужка отвечали руганью. Можно было только понять, что Надя с матерью переехали, а куда — неизвестно. Честно сказать, я стал ее подзабывать. А тут идет, чуть пританцовывая, навстречу в расстегнутой норковой шубке, шуршит юбкой гофре. Простонародное скуластое лицо смягчилось, разгладилось, помолодело, в ушах поблескивают золотые сережки с крупными бриллиантами.

И это в ту пору, когда романтические сказочные ожидания развеялись без следа. Обнаружив с женой, что сидим без копейки, мы потащили в комиссионки последние вещи. От нужды и от страха, как и многих тогда, меня охватило безумие. И я полез в толпу посредников: военных и врачей, студентов и домохозяек, кормящих матерей, мелких чиновников, инженеров, научных сотрудников, как правило уже помятых жизнью, но непременно в костюмах, с портфелями и нездоровым блеском в глазах. Теперь они занимались розысками и продажей за полцены мифических самолетов, красной ртути, медного и стального проката, скандия, леса, кораблей. Дни напролет я бегал по биржам и банкам, а потом, возвратившись домой, просиживал за раскаленным телефоном до утра, вычерчивал схемы и графики поставок, возбужденно терзал калькулятор. В воспаленном мозгу клубились суммы с девятью нулями, кейсы, набитые валютой. Я будил жену, чтобы вслух помечтать о собственном домике где-нибудь на Адриатике, а утром с трудом набирал мелочишку на молоко и хлеб.

Поэтому Надежда своим видом, новенькой «альфа-ромео» с телохранителем и шофером буквально сразила меня. В мое лицо она смотрелась, словно в зеркало успеха. Я видел, что ей нравится изображение. Наверное, что-то подобное она и мечтала увидеть.

О прошлом мы не говорили. Хотя мне так хотелось верить, что она не забыла, сколько раз я бескорыстно, по-дружески выручал ее. И вот судьба опять столкнула нас. Только теперь мы поменялись местами, и мне нужна помощь.

— У меня к тебе дело, — сказала Надежда на другой день после нашей встречи.

Мы сидели в ресторане. Черными жуками летали по залу официанты, отражаясь в многочисленных зеркалах.

Музыка, цветы и свечи, чуть слышный звон стекла, пряные запахи, струившиеся отовсюду, — все действовало на меня, как наркотик. Мыслей о том, откуда у Надежды деньги, в тот миг не возникало.

Я чувствовал, как медленно тает во рту маслераная семга со слабым йодистым привкусом морских глубин, пурпурно-красный лангуст, одним цветом своим пробуждавший в сознании призрачный образ королевской мантии, подплывал ко мне на фарфоровом блюде. Я пил вино по сорок долларов за бутылку, и робкое предчувствие, что жизнь опять, возможно, повернется ко мне лицом, исподволь просыпалось в душе.

— Я хочу его видеть, — между тем с властной требовательностью шептала Надя. — Ты разыщешь его и привезешь ко мне.

Я даже не стал спрашивать кого. И так было ясно.

— Ну какие проблемы! — вырвалось у меня с непроизвольной дурацки-блаженной улыбкой. — Разыщу и привезу.

А про себя добавил: «И ты возьмешь меня на работу. И мы станем крутить такие дела...»

Не откладывая в долгий ящик, прямо после ресторана я решил заехать в «царское село», ведь я жил недалеко. Стоял март: то проглядывало, словно сквозь прореху солдатской шинели, робкое солнце, то опять серое разбухшее сукно повисало на крышах домов и из него что-то сеялось, капало, сочилось.

В метро пахло мокрой шерстью. Когда я вышел на улицу, сыпал снег вперемешку с дождем, и сам город под стать погоде приобрел постно-серую, чахлую физиономию.

Среди кирпичных башен я без труда отыскал знакомый подъезд. Напрягшись на мгновение у домофона, набрал по памяти номер квартиры Михалыча, но никто не ответил. Тогда я стал прохаживаться у подъезда в ожидании того, кто войдет или выйдет, позволив мне попасть внутрь.

Двор, утыканный черными обмершими деревьями, был почти безлюден. Лишь изредка появлялись забрызганные машины. Проворные охранники и шоферы, раскрывая на ходу зонты над своими сановными хозяевами, провожали их до дверей подъездов, семеня рядом, как японки в кимоно.

За полчаса мое настроение безнадежно испортилось. Я уже стал жалеть, что приехал сюда. Знакомое чувство отверженности, исчезнувшее после встречи с Надей, вновь пробудилось в душе. Словно жалкая, безродная, ободранная шавка, смотрел я с грязного тротуара на ту жизнь, от которой меня отделяла одна лишь стеклянная стена. На цветы и ковровые дорожки на площадках перед лифтами, возносившими избранников куда-то в другой мир.

Есть ли кто-нибудь, чтоб и мне указал туда путь? Я невольно подумал о Надежде. Вспомнилось, сколько раз вот так же, шагая из стороны в сторону, точно маятник, я караулил возле этого подъезда свою теперешнюю судьбоносную звезду. По просьбе ее матери, которая звонила из Балашихи в слезах, едва слышная сквозь крики Надиного мужа: «Прекратите комедию! Извращенки! Уроды!» — чтобы сообщить, что дочь ее снова исчезла из дома. Но Надя все равно каким-то чудом умудрялась проскользнуть мимо меня на четвертый этаж и, поскольку нажать кнопку звонка не смела, просто ложилась, свернувшись калачиком, на коврик у двери.

И тут начиналось... Обычно, когда подходило время выгуливать собак. Иногда по сигналу соседей. Жена и теща Михалыча вызывали милицию или сами пробовали за волосы вытащить Надю на улицу. Надя лежала и не сопротивлялась. Только осеняла себя крестным знамением и колола перед собой воздух заговоренной иглой. Она хотела, чтобы Михалыч видел ее страдания.

На шум прибегал я и после короткой перепалки почти силой уводил Надю к метро. Один раз даже пришлось нести ее на руках, потому что сама идти Надя не хотела. Ну а если ее забирал «воронок», то я ехал за ней в отделение. Я боялся, что ее могут сплавить оттуда в психушку.

Не знаю, почему я так возился с ней? Да просто, проявив раз жалость, не мог остановиться. Видел ведь — пропадает баба. А может, и вправду уже тогда лепилась исподволь судьба.

Попав в подъезд, я отрекомендовался соседям Михалыча представителем американской фирмы, которая хочет предложить господину Ненашеву должность консультанта. Соседи тоже все были люди с положением, большинство, правда, в прошлом, и от этого сильно растеряны. Я намекнул, что при необходимости и для них может образоваться местечко и очень приличные деньги, — американцы любят людей со связями.

Так я узнал, что теща Михалыча умерла, жена уехала к детям в Швейцарию, а сам Михалыч после августовского путча, когда запретили компартию, купил дом где-то под Тверью, в деревне, и прочно обосновался там. Правда, никто не мог вспомнить название деревни, но все в один голос твердили, что не только название, но и дорогу знает сосед этажом ниже, отставной генерал инженерных войск, который вместе с Михалычем ездил осматривать перед покупкой дом.

Высокий, мосластый, с длинным, абсолютно голым черепом примата, генерал оказался еще тем фруктом. Приоткрыв дверь на цепочке, он первым делом потребовал у меня документы. Потом начался настоящий допрос. Пришлось на другой день в страшной спешке изготовить специально для него послание Михалычу на бланке солидной американской фирмы. Только тогда с неохотой старик раскололся.

Итак, дождавшись выходных, я двинул на Ленинградский вокзал. Сначала часа два ехал на электричке, в стареньком вагоне, скрипевшем, точно деревянный воз, который катится вслед за ленивой лошадью ухабами проселочной дороги. Потом еще минут сорок топал от станции через лес.

Ну хоть с погодой повезло. День выдался на заказ. Правда, из-под елей, из густой с прозеленью синевы, дышали еще сыростью и холодком сумрачные сугробы. Но, смеясь над коварством зимы, над своими недавними бедами, крошечные щебетуньи пичужки по-весеннему, без боязни, метили их фиолетовым мелким крестом.

Выйдя из леса, я увидел на взгорке маленькую деревеньку, лошадь, запряженную в сани, кудеры сизых дымков над крышами двух-трех изб. Мимо этих изб я и решил пройти и заглянуть во дворы, а вдруг повезет?

Тренькала капель, синички попискивали со всех сторон, как резиновые игрушки. И среди тишины и безлюдья слышалось откуда-то с ближнего двора мерное постукивание, будто работал дятел.

Я пошел на стук. У крыльца дома махал топором затрапезный мужик в рыжем треухе, серой фуфайке, лыжных штанах с начесом, заправленных в сапоги. Я открыл уже рот, чтобы окликнуть его, но мужик сам прервал работу и, повернув ко мне небритое лицо, тревожно уставился на меня. Мы встретились глазами, и я даже отпрянул. И в ту же самую секунду понял, что ни за что не подойду сейчас к Михалычу.

Это потом нашлось объяснение, что раз уж он

не окликнул меня, не признал, то пусть и остается в неведении до самого Надиного визита. А в первое мгновение ничего не возникло, кроме удивления и приятной щекочущей мысли: «Вот и Михалыча прихватила-таки за цугундер судьба».

В том, что Наде лучше самой сюда явиться, я после встречи с Михалычем не сомневался. Упасть, точно снег на голову, ослепить своим блеском, чтоб он остолбенел. В этом нелепом треухе, фуфайке, смахивающий на зека.

Наде понравилась моя идея. Хотя она и занервничала сразу, что плохо выглядит, потолстела, постарела; бросилась в парикмахерскую, к массажистке... Целую неделю кипели страсти: какой костюм надеть, какую шубу, украшения?

Дело в том, что Михалыч был тем самым первым мужчиной, который когда-то увидел ее и восхитился, как восхищаются бабочкой, птицей, цветком. «Рядом с ним я становилась послушной, легкой и быстрой как ртуть, — говорила мне Надя. — Я узнала то, о чем и не подозревала, отсидев замужем восемь лет».

Он явился, как принц из сказки. Правда, несколько подержанный, в летах, но все равно принц, даривший цветы, дорогие подарки, возивший на дачу в Барвиху, и в Сочи, и даже в морские круизы. До тех пор, пока под напором жены, писавшей во все инстанции письма, товарищи из ЦК не поставили вопрос ребром: или потеря работы, исключение из партии за аморалку, или Надя. И он бросил ее.

Мать боялась, что Надя наложит на себя руки. Ее мучили бессонницы, головные боли, желудок отказывался работать, на ногах появились какие-то пятна, волосы выпадали клочьями. При этом она твердила как заведенная: «Виктор не виноват. Он тоже жертва». А все происходило якобы потому, что жена его — ведьма с сильным полем — завладела Надиной фотографией и стала ворожить, стала свечки ставить ей на смерть и напускать порчу.

Я был свидетелем этой истории, поэтому и оказался рядом с Надей на сиденье «альфа-ромео». Без меня ее торжество было бы неполным.

Когда мы подкатили к дому Михалыча и встали, брызнув ледяной окалиной из-под колес, хозяин взбирался на крыльцо с коромыслом. Расплавленным оловом отливали ведра.

Услышав шум мотора, Михалыч оглянулся и стал смотреть из-под ладони, как открывается дверь, со змеиным волнистым изяществом выскальзывает из машины молодая дама в короткой чернобурке и манит его пальцем: «Хозяин, можно вас?»

Михалыч сделал вид, что не слышит, не понимает, бухнул ведра на крыльцо и хотел идти в дом.

— Эй, хозяин! — гаркнул тогда и я.

Михалыч потом до конца дней упрямо отпирался, но было видно, что в тот раз он здорово перетрухал. Возможно, он хотел залечь на дно, пропасть в безвестности, в тиши. А тут вдруг понял, что убежище раскрыто. Прощай пейзанская, целительная жизнь.

Лицо его стало бледным, похожим на маску. Только в прорезях суетливо метались влажные, глубоко вбуравленные глаза.

— Вы меня?

— Ну а кого ж еще? — развязно бросил я.

— Нет-нет, вы перепутали. Я никого не жду, — заторопился, отмахиваясь, Михалыч.

— А если поднапрячься и вспомнить, — негромко и как-то ужасно спокойно подала голос Надя.

Михалыч дернулся так, будто почуял на горле удавку, и впился взглядом ей в лицо. Прошло минуты полторы.

— Ты? — выдохнул полузадушенно и прошептал: — Не может быть!

Вот так и свершилось. Мы попали в просторный и прочный бревенчатый дом, загадочный и запутанный, живущий вопреки всему, скорее по привычке, как некоторые старики.

Скрип половиц, шорохи, тени прошлых жизней, низкие притолоки, темные крутые лесенки, переходы, по которым можно идти сто, двести, триста лет. Дышала теплом белопузая печка, под ногами с грудным сонным квохтаньем бродили куры, пахло птичьим пометом, пух садился на Надин розовый шанелевский костюм.

Михалыч тоже косил под старика. Он пил по чуть-чуть, к копченостям и сырам не притронулся, хотя Надя и повторяла механически: «Да ты попробуй! На них нет сглаза».

— Что ты! Что ты, детка! — мотал испуганно Михалыч нечесаной башкой. — Какой из меня едок! Знаешь ли, полгода назад были первые звоночки. И вчера с утра что-то так прихватило, Господи! Думал, конец пришел, не встану больше, правда. Травами вот только и спасаюсь, травами да банькой — поры открываю, яды выпускаю. Хотя есть чувство: скоро, скоро сяду в лодочку, оттолкнусь от берега...

— Куда ты меня привез? — шептала с грустью на ухо мне Надя. — Это не тот человек.

Только к вечеру, когда стемнело и она рассказала, что занимается страхованием, работает с крупными банками, назвала суммы, которыми располагает, и предложила попробовать сделать что-нибудь вместе, Михалыч переменился. Он как-то сразу ожил, вскочил, стал бегать по комнате и, наконец, совсем исчез в недрах дома.

Минут через двадцать перед нами предстал совершенно другой человек. Показалось, он только что выпрыгнул из чана с живой водой или заглотил полкило молодильных яблок: свежевыбрит и энергичен, в хорошем английском костюме. С блаженной дрожью остренького кадыка он влил в себя стакан водки, отставив картинно мизинец, закусил балычком. Мы узнали, что до путча ему поручали заняться утилизацией военной техники, извлечением драгметаллов. Особняк обещали в самом центре Москвы, «ЗИЛ», сырья сколько душе угодно. И до сих пор друзья в правительстве остались, и можно взять под поручительство беспроцентный кредит.

На обратном пути Надя все время курила, с беззвучными злыми слезами шепча, как «этот козел» хватал ее под столом за ноги, решил, наверное, что стал совсем неотразим. Я понял: она никогда не простит Михалыча.

Но с той самой весны, несмотря ни на что, наш роман с золотишком вовсю завертелся.

Надину дачу было видно издалека. Она стояла на взгорке, светясь островерхими башенками, точно замок, над полем, над темной, засыпанной снегом деревней. У ворот я выскочил из машины и позвонил. За забором сейчас же задохнулись простуженным лаем, загремели цепями кобели. Пробудился глазок видеокамеры, закрепленной над калиткой, чуть повернулся и уставился на меня.

— Говорите! — раздался такой же простуженный кобелиный голос из домофона.

Я назвал себя. После короткой паузы калитка бесшумно открылась. Бык Дубовенко в свободных брюках-слаксах, с хлыстом, похожий на укротителя в цирке, заставил отступить собак — заиндевевших, с желтыми от ярости глазами. Их взгляды уперлись мне в спину, заметно прибавив проворства. Одним махом я взлетел на высокое крыльцо и даже не почувствовал одышки.

Я бывал на этой даче всего раз или два, и то в спешке. Надя совсем недавно переехала сюда. Запомнилось: из маленькой прихожей попадаешь сразу в бильярдную с зеленоватым светом, словно бы пробивавшимся сквозь густую листву.

В бильярдной не оказалось ни души, но табачный дым висел в воздухе, поперек стола лежал кий, мелок раскрошился на суконном бортике рядом с захватанным, недопитым стаканом. Я покашлял смущенно и негромко позвал:

— Есть тут кто?

Из глубины дома доносились приглушенные звуки, похожие на шорох или плеск воды. Не зная, что делать, я подошел к камину, в котором с шипением постреливали, дымились влажные полешки, и зябко потер руки.

— А вот и наш дружок!— почти в ту же секунду раздался голос у меня за спиной.

Я мигом обернулся. Передо мной стоял Миша Корин по прозвищу Бальзаминов. Кривая ухмылка застыла на дураковатом, мрачном лице. На плече у него сидела любимица — черная кошка Рита.

Нет, не перевелись еще у нас мудрецы. Ведь кто-то же придумал прозвать Мишу Бальзаминовым. Хотя что у него общего с тем безвредным мечтателем, любителем погонять голубей из сонного переулка, где на пыльной брусчатке, поросшей травой, паслись козы, у заборов в тенечке сидели толстые, как мясники, кучера, готовые от безделья затравить собаками всякого обходительного человека?

— По воздуху, что ли, летаешь? — спросил я Бальзаминова. — Инфаркт с тобой можно схлопотать.

— Да ладно целку строить! — отрубил Миша. — Работа у меня такая.

После каждой встречи с Мишей у меня портилось настроение. Я не мог найти с ним общего языка. Казалось, перед тобой глухая стена, от которой слова отлетают с жестяным звуком: «Бом! Бом! Бом!»

«Это от его непроходимой дури», — пробовал успокоить я себя. Хотя какая уж тут дурь! За два года Миша сделал невероятную карьеру. Из механика, чинившего Надины машины, скакнул в личные шоферы, потом стал заодно телохранителем, оттеснив крутого Дубовенко, да так аккуратно, что тот чуть ли не благодарил. Теперь вот поднялся и до начальника охраны. Поговаривали, что и до Надиной постели дотянулся...

Может, постелью-то и объяснялось его быстрое продвижение наверх? Не случайно с недавних пор Надя любила обмолвиться, что с личной жизнью у нее теперь все прекрасно.

От этих ее слов меня каждый раз просто с души воротило. Ну ладно бы минутное увлечение, в пику Михалычу, вовремя не проявившему инициативы. Нет, видно же невооруженным глазом — Бальзаминов нацелился в мужья. Прикрываясь охранными мероприятиями, стал забирать потихоньку власть, вмешиваться в дела. Возможно, от неудержимой прыти его и похитили три недели назад. В виде предупреждения — мол, не зарывайся.

Надя тогда все свои связи привела в движение. И все равно четыре дня прошло, пока не обнаружилось: его держали в получасе езды от дачи, в гараже, прикованным к батарее. Живехонький на драном одеяле, аки шелудивый пес, лежал. А мы-то думали, что он уже трупешник.

И вдруг меня осенило: «Что, если между его похищением и черным «опелем» существует какая-то связь?» Появился шанс одним махом разрушить глухую стену. Я попробовал изложить свои соображения Мише. Но Бальзаминов был странно рассеян, поглаживал кошку, щекотавшую его чутким извивисто-томным хвостом, и не хотел никак врубаться.

— Ах ты моя девочка, — бормотал он с какой-то утробной тоской, пропуская мимо ушей мой горячечный монолог. — Преданная, ласковая моя. Тебе ничего от меня не надо.

Озверев от его глухоты, я спросил наконец, где же Надя.

— Надежда Витальевна в бане, — сказал Бальзаминов, очнувшись, и добавил с угрозой: — Чтоб только без глупостей, ты меня понял?

Я кивнул, но не стал уточнять, что имеется в виду. Просто шагнул в дверь направо, которую указал Миша, думая: «А что, если вдруг и Надежда не станет слушать меня?»

Рядом с сауной находился бассейн. Пространство вокруг было заставлено тренажерами, пальмами в кадках, пластиковыми столиками и стульями, белевшими в полутьме. Я чуть не поломал о тренажеры ноги: Бальзаминов отстал, а я не нашел, где у них тут включается свет.

Пахло сыростью, чмокала о бортики вода. Казалось, кто-то своими движениями шевелил ее. И еще слышалось чье-то дыхание. Сначала неотчетливо, вроде как шелест сквознячка, потом все яснее.

Я огляделся — бассейн был пуст. Прудовой густой зеленью отливала вода. Именно оттуда и доносилось дыхание, будто там жил водяной.

Через мгновение мне стало казаться, что дышит не только вода, но и пальмы, и стены; и затканные бархатной темнотой углы сочатся едва уловимым дыханием. И чей-то взгляд, приклеившись, тянется за мной.

Сделалось не по себе. То же самое я испытал совсем недавно, ощутив за спиной присутствие черного «опеля».

«Кто здесь?» — хотел крикнуть я, но тут вспыхнул свет. У самого бортика, в дальнем углу, скрытая узенькой лесенкой, сидела в воде Надежда. Голова ее наподобие тюрбана была окутана махровым полотенцем. Широкое розовато-белое тело подрагивало, расплывалось под водой, демонстрируя складочки, пышные выпуклости, леность, негу. Она живо напомнила мне кустодиевских купчих. От сердца отлегло. Я даже развеселился. Полезли в голову заросшие кувшинками пруды с утками, беседки, расписные шали, самовары.

— Потуши свет, Бальзаминов! У меня и так резь в глазах, — сказала Надежда, ложась на живот и ударяя по воде пухлыми ногами. — Зачем ты здесь? Я же сказала, чтоб он один ко мне пришел, без сопровождения.

— Конечно, я теперь тебе больше не нужен, — как эхо отозвался Бальзаминов.

— Мне нужны мужики, — мелькая розовыми пятками в облачках искристых брызг, отрезала Надежда.

— Правильно! Потому что сердце надорвал, все здоровье растерял, пока возил и охранял тебя двадцать четыре часа в сутки.

— Да уж, что с тебя теперь взять, — донеслось из воды.

— Давай топчи, давай выкидывай меня, как ненужную тряпку! — подхватил, замолол горячо Бальзаминов. — Теперь и старую «вольвушку» мне можно впарить. Как будто забыла, что обещала.

Я никогда не видел раньше таким жалким Бальзаминова. «Неужели она дала ему отставку? — подумал я, весь превратившись в слух. — А может, это так, обычная разборка, за которой последует новый прилив чувств?»

Для себя я решил держаться предельно осторожно, чтобы не попасть между жерновов.

Надежде, видно, надоело сидеть в воде. Она подобралась к лесенке и, взявшись за поручни, с шумом, плеском полезла наверх, влажно блестя гладким телом, поводя крутыми бедрами.

— А ты считаешь, что каждому водиле я должна по трехсотому «мерсу» отстегивать? — отплевываясь, просипела она.

Бальзаминов обошел бассейн и теперь стоял перед ней. Вода тонкими струйками стекала на его лаковые туфли.

— Между прочим, и дачу вот эту ты мне сколько раз обещалась отписать.

— Прищучиться хочешь, да? Ну совсем оборзел! — по-резаному, как в коммунальной сваре, взвизгнула отдышавшаяся Надя. — Хрен теперь тебе что-нибудь будет!

От Надиного крика кошка Рита хотела бежать. Но Бальзаминов грубо ухватил ее за шкирку и прижал обезумевшую животину к груди.

— Наденька, я же восстановлюсь. И все пойдет у нас так же классно, как раньше. Ты мне веришь?.. Ты думаешь, что новая машина мне нужна, чтобы блядей возить? Ты же знаешь, что у меня только одна девочка. Вот она. Самая преданная, самая ласковая. — Он погладил Риту.

— А зачем тебе бляди? Пятки, что ли, чесать перед сном? — Надя с брезгливой миной, отодвинув Бальзаминова, пошлепала ко мне. — Да отпусти ты кошку, не мучай животное.

Я понял, судя по перебранке, что-то серьезно разладилось у них. Что ж, это к лучшему, если учесть то, с чем я сюда приехал.

— Чего стоишь? Раздевайся! — сказала Надя, поравнявшись со мной. — Париться сейчас пойдем.

«Париться?! Так вот на случай чего Бальзаминов меня остерегал». Но отказаться я не мог. Ведь я еще не выжил из ума.

Я снял ботинки и сразу замочил носки, отдернул ногу и, запутавшись в штанине, чуть не загремел в бассейн. «Стреноженный козел», — подумал про себя. Но если честно, было не до смеха. Надин категоричный тон сразил. И еще жесткость, которой раньше не наблюдалось. Что, если она и со мной разберется, как с Мишей: ведь ни один мускул не дрогнул. И ни следа чувствительной сентиментальности, которой раньше пользовались все.

А с другой стороны, чего теряться? Может, это и к лучшему. В сауне она разомлеет, размякнет... Мы же с ней уже парились. На Мертвом озере, на охоте. До смерти чуть не угорели тогда. Подтапливали все по-черному, поддавали пару, а дверь, чтоб градус не выходил, держали на крючке. Деревенские потом изумлялись: «Да вы самоубийцы, что ли?» Мы даже спали раз с ней на одном диване, не испортив чистых, дружеских отношений.

В сауне, как в деревенской баньке, пахло распаренными травами: чистотелом, шалфеем, мятой. Белели новые гладкие стены, полок, на котором лежала прикрытая махровым полотенцем Надя. Она подвинулась, давая мне место. Сухой жар окутал меня.

— Вот сволочь! Вот мразь! — услышал я и, несмотря на жар, похолодел. Стрельнул торопливо глазами и увидел: Надю трясет от беззвучного плача. С радостным облегчением я склонился над ней, стал гладить, как ребенка, успокаивать:

— Ну что ты, что ты, перестань!

Она ведь всегда была слабая на слезу. Помню, и на охоте вдруг распустила нюни: птичку жалко, когда Михалыч с первого выстрела угомонил маленького чирка-свистунка.

Стоял тихий осенний вечер. Золотистый зыбкий свет слабеющего солнца блестел на воде. Есть какая-то странная щемящая грусть в таких вечерах. А тут еще сыпались в Мертвое озеро беленькие, с черным крапом бабочки-поденки, век которых просто один короткий вздох — от восхода до заката. Сквозь толщу зеленой воды виднелись заросли подводных трав. Деревенские говорили, что у Мертвого озера нет дна: «Не дай бог вздумать там купаться! Затянет — крикнуть не успеешь».

Глубина кружила голову, притягивала взгляд. В ней таилось что-то жуткое и манящее одновременно. Я ощутил дыхание черной бездны, в которую уходило небо с облаками.

На корме напряженно шевельнулся Михалыч, щелкнул предохранителем. И сейчас же из камышей побежала, суматошно ударяя по воде крыльями, взлетела перепуганная утка. Грохнула «ижевка» Михалыча, лайка Альма кинулась с лодки в воду и скоро приплыла, держа в зубах серенькую окровавленную тушку. Мертвое озеро почему-то не затягивало в свои глубины ни собак, ни уток. Даже убитых уток оно не принимало.

— Есть почин! — с трудом, придушенно выговорил Михалыч, смиряя волнение, должно быть чувствуя себя всемогущим, удачливым пред видом живой горячей крови.

И тут раздался идущий с неба тонкий, прерывистый звук, похожий чем-то на сдерживаемый из последних сил свистящий смех или рыдание сквозь зубы. Так в брачную пору, весной, зовет подругу исходящий тоскою самец. Но тогда начинался сентябрь. Давно забылись брачные игрища, и молодняк уже поднялся на крыло. А крошечная птица, неизвестно откуда возникшая вдруг, все кружила над нами, не улетала.

— Значит, самочку взял. А это — самец. Теперь не уйдешь, приятель! — сказал Михалыч, вновь вскидывая ружье.

И промазал. Так чудно помилованный судьбой чирок стремглав припустил к лесу. Но у крайних деревьев, за которыми были спасение и жизнь, он словно споткнулся, застыл на мгновение на месте, трепеща лихорадочно крыльями, и, безумно посвистывая, повернул к мертвой подруге, презирая опасность.

Птица была беззащитна, слаба. Она свистела

над самыми нашими головами. А может, безумная, упрекала нас?

И тут Надя заплакала и закричала Михалычу: «Стой! Не надо!»

Мне кажется, до последней минуты она убеждала себя, что все это только игра. Но игра кончилась в самом начале, и пошла охота. На Бальзаминова, на Михалыча, на саму Надежду, а теперь вот и на меня.

Понемногу Надя затихла. «Слушай-ка, помассируй меня», — попросила она и откинула полотенце. Мне открылось подошедшее, пышное и текучее тело, которым пленялся когда-то бессильный калека Кустодиев, уловив его сходство со стихией пуховых подушек, розовых перин, гагачьих одеял.

Я стал осторожно, старательно мять ее пухлые плечи, спину, талию. Тело ее ожило, отвечая послушно на каждое мое прикосновение. Увлекшись, моя рука скользнула ниже...

Будто во сне, Надя медленно, томно приподняла таз, встала на колени. Я обхватил ее мягкие бедра ногами, нетерпеливо скользнул в узкий, нежный, почти материнский проход и, шалея от пота, погнал без устали к очередному миражу. Чтоб в тот последний миг, когда, казалось, нет уже дыхания и вместе с хриплым криком настигает смерть, дать выплеснуться страху, и отчаянию, и слезным детским спазмам, и греху, и мольбам.

...Примерно через полчаса мы с Надей кинулись в бассейн, в блаженно-прохладную воду, поплавали, накинули махровые халаты, которые предусмотрительно подал нам выросший словно из-под земли Бальзаминов, и сели за беленький столик, уставленный разнообразными напитками в слезящихся карликовых бутылках.

«Надо же, взять и пустить на распыл все, что слепилось за долгие годы нашего с Надей знакомства, — была первая мысль. — А может, это судьба? — вдруг пронзило меня. — Не станет же она после того, что было...»

Заговорили, наконец, о черном «опеле», о желании Михалыча, чтобы я вез желтизну без охраны на ночь глядя, о похищении Бальзаминова, о том, не много ли совпадений.

Надю интересовало, не заметил ли я, какие были у «опеля» номера. Сколько человек сидело в машине? Она просила вспомнить лица тех, кто преследовал меня, рассказать, где и как вырвали портфель, описать внешность грузчиков, продавщицу.

В ответах я старался быть предельно точен, уверенный, что продавщица в любом случае подтвердит: те жлобы из «опеля» гнались за мной, а я, спасаясь, кинулся в подсобку. Ну а портфель... Да в такой суматохе его могли вырвать у меня где угодно.

Надя слушала внимательно, глядя мне прямо в глаза. Она считала: у нее есть дар читать чужие мысли. Потом вдруг прыск, смешок, совсем не к месту: «Не дергайся, я же не обвиняю тебя». И накрыла мою руку ладонью: «Ты держишься молодцом. Даже не потерял потенцию от страха».

Я почувствовал себя так, словно мне на бегу подставили ножку. Или она что-то знает, или это дурацкий прикол. А может быть, просто по-бабьи она ободряет меня? Дает понять, что хочет продолжения?

И прямо в подтверждение этой мысли Надя сказала, что мне лучше не ездить сегодня домой. И вообще до конца расследования придется пожить у нее на даче.

Отведенная рядом с бассейном комната сразу же не понравилась мне. На окне была решетка.

— На первом этаже без этого нельзя, — сказала Надя, поймав мой тревожный взгляд.

Из мебели в комнатке оказались только массажное кресло и два одинаковых топчана, на одном из которых уже лежали стопочкой простыни, подушка, одеяло.

Я попросил дать мне возможность хотя бы мать предупредить, чтобы не волновалась, не ждала. Надя сунула руку в карман халата и протянула мобильный телефон.

— Принесешь потом наверх.

И вышла, оставив меня одного.

Я просто не мог поверить в такую удачу. Не мешкая, стал звонить Татьяне. В голове крутились правдоподобные объяснения, почему не приехал. Я торопливо соображал, как лучше упросить ее прямо с утра закинуть мой портфель в институт и оставить там у Хусана. Иначе беда! Ведь Михалыч с Надеждой скорее всего захотят получить завтра слитки.

Главное, чтобы портфель находился в институте. Остальное не волновало меня. Я войду через проходную один, якобы выписать пропуска, возьму у Хусана портфель, положу в сейф пять слитков. А два вместе с портфелем спрячу в своем кабинете.

Таня явно обиделась, едва цедила слова. Значит, ждала; даже что-нибудь типа шарлотки приготовила к чаю.

— Нет, с утра мне на работу.

Я не сдержался:

— Да за такие деньги ты можешь в этот свой музей совсем не ходить. Договорись с бабушками, какие проблемы!

— Исключено, — уперлась Таня.

Я стал напирать:

— Жизнь решается. Правда. Прошу ведь, умоляю.

Уловив в моем голосе неподдельный призыв, она заколебалась:

— Я постараюсь.

— Нет, ты мне обещай, — не отставал я.

— Хорошо, обещаю.

Следующий звонок я сделал Хусану. Разговаривать с ним было просто. Они с Таней принадлежали к чудесной породе нелюбопытных людей.

Вот и все. Впервые за этот день я мог позволить себе передышку. Я повалился без сил на пустой топчан. «Что ж, — подумал машинально, пока набирал свой домашний номер, — в крайнем случае мать будет давать объявления в газетах: «Разыскивается такой-то... В синей пуховой куртке, ондатровой шапке (поношенной), с родимым пятном на бедре...» Ну да, полный каких-то планов, нелепых мечтаний. Ушел в четверг из дома и не вернулся. И не вернется уже никогда».

Материнский голос в телефонной трубке чуть не до слез растрогал меня. Я понял, что за годы он совсем не изменился. Та же нервная дрожь, тот же тембр. И еще: «Сыночка! Сынуля!» Прямо из той испарившейся жизни, где я просыпался обычно не от звонка будильника, а от ударов мячика об стенку — отец тренировал так раненую руку. В сорок втором он чудом уцелел на Калининском фронте, когда брали деревню Ивановскую. Их гнали в атаку по пояс в снегу, видных, как на ладони. Немцы, попив утреннего кофе, из укрытий, с горки, поливали их минометным и пулеметным огнем.

Двух братьев-близняшек, которые держались рядом с отцом, убило сразу. А он остался жить. Хотя еще три долгих года валялся по госпиталям, был паралич, кормление с ложечки в течение полугода.

Возможно, просыпаясь по утрам, отец всю жизнь так и не мог до конца поверить, что не погиб в той зимней мясорубке, стал доктором наук, завел семью, ребенка. «Ты знаешь, в этом есть какой-то смысл», — шептал он маме иногда, с улыбкой глядя на меня.

А я, будто опровергая все его надежды, рос хилым, болезненным, на уроках ловил мух, таскал двойки по математике. Отец считал, что полновесные затрещины пробудят меня к жизни. Ах, как я ненавидел все эти зарядки, бег в предрассветных сумерках вокруг двора под лай собак и скрип лопаты дворника, занятия математикой с отцом по вечерам, сопровождавшиеся мамиными жалобными криками: «Ну он же станет идиотом! Ты выбьешь из него последние мозги!»

Зато не было мальчишки во дворе, не помешавшегося с моей легкой руки на греческих захоронениях, где земля черна от золы погребальных костров, а подземные ходы в гробницы с сокровищами можно рыть только ночью, в строжайшем секрете, при мигающем свете керосиновых ламп, над которыми с шелковым шелестом вьются бражники — «мертвые головы».

Рассказы подкреплялись демонстрацией монет, античных черепков. А еще перед Новым годом приезжал мой напарник по поискам кладов, смуглый, стройный красавец дед, весь в наколках, с разбойничьими усами и огромной корзиной цветов. Несмотря на мороз, дед ходил без перчаток, в белом легком плаще и матросских клешах. Он привозил банки черной икры, балыки осетров. И тут даже самые стойкие из дворовых маловеров бывали сражены наповал.

Писк телефона заставил меня очнуться. Звонил Михалыч. Он был неприятно удивлен тем, что Надин телефон оказался у меня. Ну а мне это только играло на руку. Пусть знает, что у нас с Надей полнейший контакт и доверие.

Придя в себя, Михалыч осторожно стал выспрашивать, как Надя отнеслась к моему рассказу. Он хотел прояснить, что наплел Наде я, в каком свете представил его роль во всей этой истории.

Михалыч понимал, что крупно лопухнулся, вынудив меня везти слитки ночью, без охраны. И еще этот «опель»... Получалось, что народ, сидевший в машине, имел точную информацию.

Тень подозрения в двойной игре могла накрыть Михалыча с головой. Ему не оставалось иного выхода, как только попытаться вынырнуть за счет меня, подвесив всю вину камнем к моим ногам. Но сделать этого он не мог, потому что без меня рассыпалась бы затея с получением кредита. Мне отводилась роль ведущего технолога, звезды отечественной металлургии.

Но и Михалыча топить было нельзя. Ведь он предусмотрительно не торопился сдавать Наде свои связи.

Установилось зыбкое равновесие. На данном этапе это мне подходило.

Закончив разговор, я почувствовал, как болит нижняя челюсть, как я измучен, разбит, а бесконечный день длится и длится. Я закрыл глаза. Хотелось забыться, выключиться из жизни. Видимо, я на какое-то время уснул. Дверная ручка медленно поползла вниз. Я приподнялся Наде навстречу и тут же загремел на пол. Показалось, что дверь, странным образом увеличившись, опрокинула меня.

— Я же предупреждал, сучий выкидыш! — сказал надо мной съеденный чернотой Бальзаминов. — В другой раз у тебя кровь вместо спермы пойдет.

Холодный ствол с глушителем уперся в живот. Просто и до абсурда буднично. Осталось только надавить на курок.

«Он хочет доказать, что все еще мужчина», — подумал я, корчась от сознания, что абсолютно раздавлен. Тупая животная сила может распоряжаться мной как вещью. И проснулся.

Первым делом решил проверить, что у меня с животом. Сунул руку в карман халата. Там лежал телефон. Он уперся мне прямо в пупок, а во сне черт знает что представлялось.

А вдруг это знак? Надо вставать, идти к Наде. Иначе сюда и вправду явится Бальзаминов. И будет нехорошо.

В бассейне стоял все тот же привычный уже полумрак. В душевой лениво капала вода, из приоткрытой двери сауны тянулся сладковатый запах остывающего дерева. Я осторожно продвигался среди призрачно белевших столиков и стульев, огибал пальмы, тренажеры. Здесь ничего не изменилось за прошедшие пару часов. Даже знобкое чувство, что ты не один, что кто-то следит за тобой, сейчас же опять возникло.

Как будто легкое покалывание появилось в области лопаток и затылка. Я решил не поддаваться наваждению, но все-таки не выдержал, обернулся и посмотрел — никого. Только летучие блики скользили по гладкой зелени воды, по чуть колышущимся занавескам. Стараясь двигаться предельно тихо, я ловил лиственный шорох чужих, едва различимых шагов за спиной.

Я вышел в коридор, ведущий из бассейна в бильярдную, и, не имея больше сил бороться с собой, встал за дверью. А когда выскочил на шорох из укрытия, то прямо нос к носу столкнулся с маленькой старушкой. Смуглое, пропеченное временем лицо, черный платок делали ее почти неразличимой в полутьме.

От неожиданности мы оба ахнули тихонько и замерли, уставившись друг на друга. Передо мной стояла мать Нади — Дарья Васильевна. Видимо, и старушка признала меня.

— А я-то думаю, кто это бродит в потемках, — сухим, облегченным смешком раскатилась Дарья Васильевна, пытаясь скрыть смущение.

— А я думаю, кто это за мной крадется, — в тон ей ответил я и даже приобнял старушку в сердечном порыве за плечи.

— Поверишь ли, живу здесь и всего боюся. Даже зубы дрожат, — без перехода вдруг по-свойски поделилась со мной она. — Народ, бывает, такой понаедет — жуть. Возле водички вот решила посидеть. Тут мне спокойней, далеко вокруг видать.

— С вами же Надя. И охрана...

— Дверь к себе в комнату стала подвязывать на ночь, — продолжала Дарья Васильевна, не слушая меня. — Под кровать кладу топор, даже два топора, большой и маленький, легкий. А то накроют во сне подушкой — и все дела.

— Да кто накроет-то? Зачем? — не выдержал я.

— А просто, подберутся тихочко так, скрадом... Люди теперь скоростные, соображают... — Она запнулась. — А ты что, в гости, значит, к нам?

Я стал плести что-то про свежий воздух, про отдых на природе.

— Надя-то хоть кормила тебя? — всполохнулась Дарья Васильевна.

У меня крошки не было во рту с утра. Но я стал отговариваться, потому что знал — надо двигать наверх, чем скорее, тем лучше. Какая тут еда.

Дарья Васильевна не отставала. Она прямо вцепилась в меня, видно, всерьез обрадовалась нашей встрече, твердила: «Пять минут ничего не решат».

От нее исходило домашнее, трогательное тепло. Я заколебался. Подспудное чувство, что, может, и правда в теперешнем состоянии не стоит торопиться к Наде, внезапно смутило меня. Пример Бальзаминова показал: на Надину жалость рассчитывать не приходится. К тому же Дарья

Васильевна доводилась как-никак матерью Наде. Я понял, что нет сил ей отказать.

Мы вернулись в бильярдную, где одиноко катал по сукну шары Дубовенко. Он кивнул мне уже с некоторой почтительностью. Видно, почуял изменения в здешней табели о рангах.

Слева от камина обнаружилась еще одна дверь. Она вела в маленькую столовую с круглым обеденным столом. Легкая перегородка с арочным проходом отделяла столовую от кухни.

Дарья Васильевна начала разогревать еду на плите, жалуясь, что с этим переездом даже подружек всех порастеряла. Табором было бы не так страшно жить. Как в войну, когда немцы с румынами по ночам фулюганичали, с обысками ходили. А они — женщины, дети со всей улицы — набивались с ночевкой в какой-нибудь дом. Когда слышали стук, давай в голос кричать. Криком отпугивали христопродавцев. А то, бывало, до света песни пели да вязали при свечах.

Дарья Васильевна затянула надтреснутым, истончившимся голоском: «Извела меня кручина, подколодная змея...»

Через минуту в дверь просунулась круглая рожа Дубовенко:

— Ну, Дарья Васильевна, даешь копоти! — радостно выпалил он. Повернувшись ко мне, добавил: — Не бабка, а концерт!

И вытянув толстые, почти негроидные губы, начал тихонько подпевать.

Под хоровое их пение я подкреплялся не

спеша бараньей отбивной. И хоть все еще ныла челюсть, с радостью ощущал, как силы понемногу возвращаются ко мне. Я даже робко так подумал, что теперь, может, и не оплошаю у Нади наверху. Сам Бог послал мне сердобольную старушку, ведь оплошать в моем положении было бы равносильно смерти.

Однако хорошенького понемногу: били, парили в баньке, дали соснуть, кормили. Теперь надо было дальше отправляться.

Я опять пересек бильярдную и, следуя наставлениям Дарьи Васильевны, пошел петлять по сумрачному коридору. Жуткий звериный крик, внезапно просверливший воздух, заставил вспомнить сразу же признание старушки о том, как страшно ей тут жить. Коридор поворачивал влево. Я осторожно выглянул из-за угла и сам едва не вскрикнул. У лестницы, ведущей на второй этаж, стоял ко мне спиной на четвереньках какой-то человек.

— Иди сюда! Ну иди же! — звал он настойчиво кого-то, шевеля пальцами левой руки, собранными в щепоть для приманки. — Слышишь, падла такая! — не выдержал он и, рванувшись вперед, стал с кем-то бороться во мраке. И снова крик, ужаснее первого, стеганул по ушам. Кошачья тень скользнула по стене, пыхнула черной молнией мимо меня, исчезла в недрах дома.

А человек, поднявшись с четверенек, распрямился и стал ко мне вполоборота. Из рук его со стуком выпал нож. Я узнал Бальзаминова.

Он нагнулся и поднял с пола маленькую чашку. Потом спустил штаны и, макая в чашку пальцы, принялся смазывать себе промежность чем-то темно-красным, напоминавшим кровь.

— Во имя Отца и Сына и Святаго Духа. Аминь, — выпевал он тихонько, сотрясаясь, кружась и крестясь, кланяясь во все стороны как заведенный. — Есть святое место океян-море, на том святом океян-море стоит остров, на том острове — дуб булатный. Круг того дуба булатного ветром не согнет, вихрем не сломит. Так бы и у меня, раба Божия, Михаила, стояли семьдесят жил и единая жила: на старыя бабы, на молодыя молодицы, на сивыя кобылицы... Встань и взыграй!

Он сотрясался и кружился, как кружит обезглавленный петух, выскользнувший из рук палача. Я видел жалкие усилия бессмысленного тела, прервавшего дурную бесконечность, не нужного уже ни самому себе, ни мирозданию, ни природе.

Стараясь не дышать и каким-нибудь нечаянным звуком не выдать себя, я двинулся по коридору в противоположную сторону, где, по словам Дарьи Васильевны, находилась еще одна лестница, ведущая наверх. На этот раз мне удалось добраться до нее без приключений.

«А если у меня не встанет в нужный миг и не взыграет?» — с тоскливой тревогой подумал я, взбираясь по крутым ступенькам. Машина времени вдруг заработала и понесла меня назад. Мир начал сокрушительно сжиматься, как шагреневая кожа. Я превращался снова в долговязого прыщавого подростка, который лишь в мечтах, в обличье Жиль Блаза или Перигрина Пикля парил над кровавой дворовой враждой, над местными королями, палачами, избиениями, унижениями, страхом. Да, я боялся тогда больше смерти не смочь и не суметь: не отстоять себя, не наказать обидчика, не найти у знакомой девчонки заветную дырочку между ногами, не почуять дымящейся от напряжения плоти, потому что считал: ночные поллюции могут сделать меня импотентом. В юном ветреном воображении было как-то легко умирать.

Но не теперь, не теперь! Особенно когда за белой дверью спальни мне открылась просторная кровать, где в розовой пене одеял, покрывал и подушек утопала Надежда, лоснившаяся от крема. Не бандерша, не патронесса, не хозяйка — просто баба, наводившая перед сном марафет. Изящный чернолаковый подносик с пилочками, кисточками, пузырьками, распространяя запах ацетона и лака, подрагивал в такт дыханию на одеяле перед ней.

— Пришел, голубчик! — сказала Надя просто, по-семейному. — Хорошенький какой!

Я замер на миг — лысоватый, измочаленный подросток, подавленный цветущим буйством ее плоти. От прежней Нади сохранились лишь глаза. Их шальной, наркотический блеск.

Я двинулся к кровати, внутренне замирая от масштабности задачи — закрепить то, что легко, как во сне, приключилось у нас с ней в бане. Коварная стихия обманчиво-соблазнительных складочек, выпуклостей, брылек, точно топь на Лысой горе, обступила меня. Поначалу я потерялся совсем в этой прорве. Я ощущал себя просто щепкой, которую тянет на дно.

Покачивание, равномерные толчки, болотное чмоканье, вздохи окутали меня своим дурманом. В них не было страсти, лишь утробный заморок. Мне пришлось призвать на помощь все силы, чтобы не пропасть. Я боролся как мог.

Именно в этой кровати родилась когда-то звезда Бальзаминова. С рассветом она незаметно и тихо погасла.

Утром мы никуда не поехали. Остались на даче ждать Грекова. Он обещал, что появится в три.

История с «опелем» оказалась намного серьезнее, чем я думал вначале, раз и до Грекова очередь дошла. Ведь если Михалыч и Надя приходились мне крестными в золотом нашем деле, то у Нади крестным был, без сомнения, Греков, известный в Балашихе авторитет.

Правда, я так до сих пор и не выяснил всех подробностей их знакомства. На эту тему Надя не очень-то распространялась. Из отрывочных рассказов выходило, что лет пять назад по-соседски ее попросили помочь Грекову справиться с головными болями, донимавшими его по ночам после смерти сына. Тридцатилетний сын Грекова погиб в автокатастрофе. По стечению обстоятельств или ему помогли — неизвестно. Дело было темное.

Надя говорила, что после ее врачеваний Греков почувствовал облегчение. Потом, чтобы закрепить знакомство и показать деловую хватку, она достала ему дефицитный телефонный кабель — ведь Греков при всех режимах оставался бессменным начальником районного телефонного узла.

Но иногда в ее рассказах прорывалось что-то странное, походившее на бред. Раз в сильном подпитии, под большим секретом Надя поведала мне, что они сидели с Грековым в темноте и он все спрашивал: «Ну, видишь? Видишь?» Сначала она ничего не видела, а потом вдруг ясно разглядела у стены в случайных отблесках уличного света лицо, белесо-желтое, словно из жировоска, с обнаженными носовыми ходами; на висках чернели гнилостные пятна. Лишь после сорокового сеанса лицо пропало.

Мне казалось в такие минуты, что Надя хохмит, издевается, чтобы не сказать правду. Ведь так и не проговорилась ни разу, как это из лаборанток она стала владелицей страховой фирмы «Топ-Гарант», как получила доступ к управляющим и президентам правлений крупных банков, по какой причине банкиры доверили ей страхование кредитов, покрыть которые Надежда в случае чего просто не могла.

Связь с Грековым тут бы и слепой разглядел.

Но почему он выбрал именно ее, вот загадка! Ведь Надя не была податливой овцой. Она все время своевольничала, пытаясь убедить всех, и себя в том числе, что сама себе хозяйка.

Потом я видел пулевые дырки в заднем стекле ее машины, Надин разбитый от резкого торможения лоб, нервный тик Бальзаминова, заставлявший его долгое время подмигивать всем хитро. У Грекова были всегда наготове свои аргументы.

При встрече, однако, никто не смог бы и предположить, что он способен на такое. Костюм в полоску, слабая улыбка, смягчавшая лицо чуть-чуть усталого седого ветерана, автомобиль которого в Балашихе знал каждый постовой и, как в былые времена машине первого секретаря горкома, отдавал честь при появлении.

— Что ж делать, я здесь вырос, — с ностальгической грустинкой объяснял Греков. — Жизнь, можно сказать, тут пролетела. Ведь каждая собака... Одних крестил, других женил, с третьими сам еще бегал на танцы... — Легкая дымка заволакивала его глаза. — Вот только некоторые, — после паузы хитро сощуривался он, — страдают выпадением памяти и, только когда огребут неприятности, вспоминают старика.

— Какой же ты старик, Андрей Степанович? — возражала ему, не сморгнув, Надя. — А как же Дашка, медсестра? Такая шустрая кобылка. Объездил ведь шутя.

— Нет, ты, видно, никогда не поумнеешь, —

сокрушался по-отечески Греков. — Медсестра — это старость и есть. Давление, сердце, да мало ли что... Медсестру всегда надо иметь под рукой. Ты-то вот бросила меня.

В подобном духе и велись частенько их беседы. И выяснялось иногда, что Греков знает много разных разностей о Надиных делах: с кем виделась, что обсуждала, какие удалось заключить договора. Надя жаловалась вслух, что скоро Греков к ней в мозги внедрится, но сведений его не отрицала. «Он с давних пор привык быть в курсе всех телефонных разговоров. Ну что ж, пусть радуется — кое-что ему полезно знать. Ну, например, что мы работаем с агентством правительственной связи, а значит, ФСБ нас опекает. И в Думе, и в Правительстве у нас есть завязки. Он должен знать нашу весовую категорию. Чтобы не делать опрометчивых движений».

Она хотела выглядеть открытой, бесшабашной, но я-то видел — по большому счету, Надя давным-давно не доверяла никому. Иногда казалось, что она, как подвесной мостик, раскачивается между двух берегов. И в таком положении все еще умудряется оставаться невредимой.

Греков приехал пышно, словно восточный правитель, с наложницей и со свитой. Раньше он держался намного скромнее. А в последнее время, поговаривали, что-то сломалось. Вот и понесло мужика.

Даша осталась сидеть в машине, расплющив курносое, конопатое личико о стекло, а грековские сынки из джипа, следовавшего за хозяйским «мерседесом», высыпали на снег, окружили Грекова и проводили до крыльца.

Мы вошли в бильярдную, устроились в креслах у камина. Но только начался разговор, как скрипнула какая-то невидимая дверь и мимо нас печальной тенью прошмыгнула Рита с обрубленным хвостом.

Настроение у Грекова резко поменялось. По словам Нади, со дня смерти сына, когда какой-то шалявый траурный кот Мур ломился к нему в окно с козырька подъезда (Греков жил на втором этаже), он на дух не переносил котов.

В который уже раз я принялся тарабанить историю о черном «опеле», чувствуя себя школьником, хорошо затвердившим урок. Греков слушал мрачно.

— Почему это случилось с тобой? — наконец спросил он.

Я не понял. И начал опять подробно объяснять.

— Ты не ответил на вопрос, — перебил нетерпеливо Греков, глядя на меня, как на пустое место, оловянными глазами, в которых отражался огонь, полыхавший в камине. — Почему именно с тобой?

«А он не дурак», — вдруг дошло до меня. Правда, чтобы ответить ему, надо было бы рассказать всю мою жизнь. Поэтому я промолчал.

— Не доверяешь? — сейчас же пришла мне на

помощь Надя. — Русскому человеку, кубанскому казаку, между прочим.

— Казак — это хорошо, — кривовато ощерился Греков. — Пусть пойдет погуляет.

Он держался со мной так, как взрослые держатся с мелкотой, которую не надо посвящать в свои дела. И мне приходилось терпеть такое обращение. Другого выхода не оставалось.

Я оделся и вышел на крыльцо. По логике, я должен был внутренне метаться, тревожиться за собственную участь. Но ничего такого не происходило. Напротив, я был спокоен, как никогда.

Кобели, точно по команде, высунули морды из будок, но поленились и не стали вылезать. Припорошенные снегом машины стояли у ворот. Грековские сынки вместе с Дашей тусовались в кирпичной каптерке.

Я открыл калитку. В сером предсумеречном свете внизу лежало поле, белой взвесью кружил над полем мелкий снег. Я стал спускаться с горки, на которой громоздилась Надина дача, и скоро очутился на полевой дороге.

Давно я не ходил вот так, без дела, по полям. А ведь лет пятнадцать назад, когда и у нас была дача, не представлял себе жизни без таких прогулок. Я приезжал из города после лекций и шел с платформы через поле к темневшему впереди лесу, где на опушке, перед нашим участком, росли березы. Казалось, какой-то мальчишка начеркал на темном фоне множество беспорядочных вертикальных линий белым карандашом. Я предвкушал, как очищу от снега крыльцо и дорожку, растоплю печь...

Тоска по смыслу, по гармонии, которую Декарт считал главным свидетельством бытия Божия, мучила меня.

И теперь, как тогда, из-под снега виднелись тонкие усики сухих былинок, словно бы подававших весть о той, позабытой давно, похороненной жизни. Мышиная мелкая стежка, точно волшебная нить, поманила меня за собой. Я зашагал туда, где на краю поля, рядом с лесом, светились размытые огоньки деревни.

— Э-э-эй! — долетело до меня.

Чей-то голос с горки бдительно сигналил, чтобы я не забывался и не делал глупостей. Видимо, поводок, на котором меня держали, слишком натянулся. Надо было возвращаться. Я повернул назад.

За время моего отсутствия Надя с Грековым поговорили и пришли к выводу, что черный «опель» — знак обострения борьбы за кредит. Кто-то из конкурентов явно вступил в дело с расчетом вызвать скандал похищением слитков, замазать нас перед Комдрагметом, перехватить инициативу. Поэтому решили действовать сразу, не мешкая.

Греков сказал тоном, не терпящим возражений:

— Поедешь с нами. Мы покажем тебе кой-кого. Может, узнаешь тех, кто был в «опеле».

Правда, отправились мы не сразу. Перед отъездом подвыпивший Греков уединился в одной из комнат с Дашей. Комнату он выбрал неудачно. На батарее там прикорнула несчастная Рита. Испуганная скрипом кровати, сопением и хриплыми стонами Грекова, Дашиным жизнерадостным смехом, Рита спросонок прыгнула с батареи на кровать.

От Дашиного визга задребезжали стекла. Когда мы вбежали, она стояла посреди кровати в черных чулках, как паж. Греков ползал у ее ног по матрасу. Медсестра требовала одного: чтобы кошку немедленно пристрелили.

Греков потом раза три вылетал в коридор, красный, злой, придерживая дрожащей рукой расстегнутые брюки. То он грозил, что сам прикончит Риту, то кричал, чтобы принесли немедля серьги, кольца, полученные у ювелиров в счет покрытия долгов за металл.

Надя, пользуясь моментом, лупила с него тройную цену. Греков кряхтел, но платил. Я увидел воочию, что и всемогущему старику далеко до безоблачной жизни.

К себе в «мерседес» Греков меня не взял. Пришлось ехать в джипе. Дорога до Реутова прошла в молчании. Пассажиры джипа покашливали неловко, косились на меня. Что-то в моем облике их настораживало, а может быть, даже и раздражало.

Так и домчали до места — в напряженной, нехорошей тишине. Благо, заняло это минут пятнадцать—двадцать. Сначала Греков высадил Дашу, потом мы проводили до дома его самого. У подъезда Греков, взглянув на меня, проронил:

— Отправляйся с ними, — он кивнул на сынков. — А завтра посмотрим.

Мы еще минут семь покружили по улицам и наконец припарковались возле обшарпанной панельной башни — по слухам, в начале девяностых Греков приобрел здесь по дешевке у руководства одного из окрестных военных заводов пару ведомственных квартир.

Первым из джипа вылез тот, кого называли Пинча, белобрысый верткий недомерок. Прошелся туда-сюда по двору, огляделся вокруг и только после этого подал нам знак. Мы просочились в подъезд, поднялись на второй этаж. У одной из дверей Пинча постучал костяшками пальцев по косяку, словно бы проверяя крепость дверной коробки, потом извлек из кармана ключ и начал открывать.

Когда я ступил в запущенную квартиру с выцветшими, рваными обоями, застойным табачным перегаром, мне совсем поплошало. Шкаф, стол со стульями, три продавленные раскладушки, раздолбанный диван загромождали почти все пространство единственной комнаты.

Сынки между тем переглядывались вполне красноречиво. Я чувствовал, что самим фактом своего присутствия сильно их напрягаю.

С кухни тянулся запах какого-то варева. На столе стояли банки с консервами. Коротко стриженный, поджарый, с приплюснутым носом, по кличке Михай, стал ножом открывать банки.

Не поднимая головы, он вдруг сказал:

— Да ладно, чего им там до смерти кантоваться?

И Пинча крикнул:

— Эй, козы, вылазьте!

Шкаф сразу ожил, закачался, заскрипел, дверцы его распахнулись, и оттуда, отчаянно щурясь, вывалились на свет две девчонки лет пятнадцати.

Оказалось, что Греков строго-настрого запретил держать на явочных квартирах баб, баловаться наркотой и трескать водку. Поэтому, чтоб избежать неприятностей, принимались меры безопасности. Особ другого пола в случае тревоги на веревке спускали через окно во двор, или, заслышав условленный стук, те сами прятались в шкафу. Стало понятно, зачем Пинча, прежде чем открыть дверь, стучал по косяку.

— Ну, где жратва? — оглядев девчонок, спросил Михай. — Я же сказал, по-моему, понятно.

— Нечего было столетних кур покупать! — отшила его мигом коротконогая кудрявая крепышка, напоминавшая статью лошадку Пржевальского. — Пять часов уже варятся, а все равно как резиновые.

— Вот скажи, кроме картошки и супа из пакета, ни хрена не умеют сготовить, — сказал

Михай, обращаясь ко мне. И предложил пойти на кухню и проверить, как там обстоят дела. — Чему их только дома учили? — продолжал он ворчать по дороге.

— Да ты бы посмотрел, кто у нас в семье чего умеет-то, — отфутболила с прежней готовностью крепышка, не отставая от нас. — Подобрались один к одному — лень задницу от стула оторвать. Вон недавно в сортире запор оторвался, так вместо того, чтобы его прикрутить, брат привязал к ручке веревку. «Держите дверь снутри», — говорит. Но с одной-то рукой, сами знаете, в сортире неудобно. И отец придумал: на конце веревки навязал петлю и посоветовал одевать ее на шею. Тогда руки освободятся.

Михай подошел к плите, потыкал кур ножом и поморщился:

— Нет, давай за тебя хоть табун лошадей, я б тебя замуж не взял.

Крепышка с подругой остались на кухне, а мы вернулись в комнату и принялись накрывать на стол. Я почувствовал что-то похожее на благодарность к Михаю: с его подачи я нашел себе занятие. Можно было уже не стоять истуканом у всех на глазах, усиливая взаимную неприязнь.

На столе появились бутылки, стаканы. Пока доваривались куры, мне предложили шмальнуть травки и выпить за встречу. От травки я отказался, водку чуть пригубил. «Ты что же, брезгуешь?» — сказали мне и опять раздраженно насупились. Разговор не вязался. Чтобы выправить хоть как-то положение, я спросил про девчонок, как они попали сюда.

В ответ услышал: сами напросились. Два дня назад в сильный мороз один из сынков — чернявый, восточного типа, за что его и прозвали Цыган — вышел с утра на балкон покурить, просвежиться. Его окликнули снизу: «Эй, морж! Не холодно тебе?» Цыган посмотрел: внизу стояли не какие-нибудь там грязные профурлы, а свеженькие совсем молокососки. Он сразу нашелся и крикнул: «А я горячий! Хотите согрею?» Молокососки ничего не имели против. Выяснилось, что они просто замерзли и хотели есть. Их класс отправился на экскурсию на пять дней в Питер. Они сказали дома, что тоже поедут, но не поехали, а пошли шляться по улицам, искать приключений. На второй день у них кончились деньги, а у подружки, у которой ночевали, вернулась из командировки мать.

Я уже был не рад, что спросил. У самого росла дочь. И эти соплюхи были, по сути, детьми. Их бы взять да шугануть отсюда поскорее. А еще лучше — отвезти к родным. Хотя я, естественно, не забыл, что и мне лет в пятнадцать казались романтикой все эти хазы, подъезды, пустыри, где мы играли в буру, в сику потную, орали блатные песни под гитару, глотали дешевенький «Солнцедар» из горла.

За обедом сынки завели разговор о золотишке. Что-то такое слышали, видно, от Грекова. Поэтому сделать вид, что они обращаются не по адресу, я не мог. Их занимали кислоты, которые можно использовать для снятия золотых покрытий, оборудование, плавка слитков и чем наш процесс отличается от того, который применяют вездесущие вьетнамцы.

Меня все подмывало спросить, уж не задумали они сами заняться золотодобычей прямо тут, на хазе. Но я сдержался, стараясь уйти от вопросов о желтом металле. Я считал, что немногословие — залог моей собственной безопасности.

И опять мои уклончивые ответы пришлись сынкам не по душе.

— А он, я смотрю, мужик непростой, — разочарованно обронил Михай. — Как жалом-то водит.

— Темнила еще тот, — подхватил Пинча.

Напряженные паузы за столом становились все длиннее. Выпили и курнули сынки уже порядочно, а Цыган, судя по зрачкам и ходульным движениям, уже и ширнулся тайком в ванной или в сортире. Дело могло обернуться бедой.

Я понял — надо переломить ситуацию во что бы то ни стало.

— Да разве это золото? — небрежно сказал я. — Какой с него навар? Это просто дерьмо собачье. Настоящее золото водится в других местах.

И стал рассказывать о древних кораблях, которые лежат на морском дне. И как шевелятся от донных течений водоросли, в чаще которых запутались амфоры, наполненные не греческим терпким вином, а отборными золотыми монетами.

Я рассказал им о Лене Козельском — огромном бело-розовом мужике с беременным животом и женскими пухлыми грудями, — который только ел и спал, не выходя из-за стола, в беседке, увитой виноградом. Осы и мелкие мушки сонно жужжали в виноградных листьях в летний зной. Игольчатые синие стрекозы садились Лене на нос, их прозрачные крылышки трепетали от его дыхания. Леня пробуждался.

— Як я спав! — говорил он изумленно, протирая кулаком глаза.

Во сне Леню посещали видения. Он ясно видел те места на морском дне, где покоятся золотые клады.

И вот ранним утром, когда берег пустынен, одни бакланы, словно кочевники на курганах, стоят неподвижно на кучах водорослей вдоль кромки сонного прибоя... Но разве можно описать, как поддавался влажноватый песок, сохраняя надолго очертания наших с дедом плоскостопых ног; как прыскали пригоршней искристых брызг, взбаламутив воду, стайки мальков, когда мы сталкивали с берега лодку; как хлюпала под веслами бирюзовая вода, когда выгребали на глубину; как, плюясь дымом, заводился с треском мотор...

Возле указанного Леней места дед бросал в воду якорь на просмоленной веревке, я не спеша надевал ласты, маску, привязывал к поясу кукан для находок, брал в правую руку тяжелый немецкий кинжал, сохраненный рачительным дедом еще со времен оккупации, и, оттолкнувшись от кормы, легко и бесшумно погружался в воду. Туда, где в зеленоватой, зыбко-прозрачной глубине мелькали силуэты камбал и морских коньков и где среди затянутых песком обломков кораблей желтели слитки, украшения и монеты.

Сынки слушали недоверчиво, хмыкали, перемигивались, задавали ехидные вопросы, но им не удавалось меня сбить. Я чувствовал себя в своей стихии. Я называл количество монет и украшений, которые в удачные дни мы поднимали со дна. И сколько нам платили перекупщики-татары. И сколько отваливали профессионалы-коллекционеры, когда я возвращался от деда в Москву.

В конце концов сынки сломались. Ведь и сами они, накачавшие бицепсы в сыроватых, вонючих подвалах провинции, залетели в Москву, гонимые мечтой о волшебной удаче. За это они убивали, умирали. А мечта все так же манила их издалека, как древний клад на морском дне.

После обеда мы с сынками отправились рыскать по каким-то пивнухам, убожество которых должны были скрасить кабаньи головы или оленьи рога, прибитые над стойками, по маленьким полутемным ресторанам с помпезными колоннами, увитыми ядовито-зеленым искусственным плющом. Стараясь не привлекать ничьего внимания, сынки показывали мне то одного, то другого из пьющих, жующих или дремлющих осоловело за столиками людей: худых задохликов, быков с малиновыми загривками, восточных лысоватых дядей, похожих на плохо окантованные бочонки. Я смотрел, говорил: «Нет, не тот», — и мы уходили.

Вернувшись на хазу, все сразу завалились спать. Мне постелили на кухне, на раскладушке. Среди ночи я внезапно проснулся. Какое-то время лежал с закрытыми глазами, не в силах прийти в себя. Над самым ухом натужно гудел холодильник, капала в мойке вода, напоминая изощренную китайскую пытку. Но не эта привычная дребедень разбудила. Я очень ясно вдруг ощутил, что кто-то в упор смотрит на меня.

Открыл глаза. На краю раскладушки сидела одна из девчонок — худенькая, остроносая, с выстриженным затылком и косой челкой, которую она то и дело быстрым беличьим жестом убирала со лба.

— Ты так смешно спишь, — хрипловато сказала она. — Даже чмокаешь во сне. — Пальцы ее мелко дрожали, на губах застыла влажная ухмылка.

«Тоже небось нажралась какой-нибудь дряни. Или укололась», — спросонок подумал я.

— Ну, чего молчишь?

Не дожидаясь ответа, она быстро стянула через голову кофточку, подняв волосы дыбом, стоптала юбку, легко, чуть заметным движением скользнула под одеяло. Я почувствовал ее плоскую неразвитую грудь, все ее ребрышки, позвонки, гнутые проволочные ноги, всю детскую ее бесплотность.

— Что занесло тебя сюда? — вырвалось у меня невольно.

— А мне нравится. Я с людьми быстро схожусь, — одними губами выдохнула она мне в щеку. И без остановки залепетала: — А то, что ты рассказывал про клады, это правда? Так здорово, прямо из моих снов. Я часто сны вижу, знаешь, классные, приключенческие, прямо полный отпад.

Голова ее лежала у меня на изгибе руки, дыхание щекотало шею. Вспомнилось, как к нам в спальню ни свет ни заря приходила дочурка в желтой пижаме и стояла тихонько, с лицом, полузакрытым упавшей челкой, приглядывалась, сплю я или проснулся. Стоило мне пошевелиться, как она с радостным визгом сбрасывала тапочки и через спящую жену, смешно отставив толстенькую попку, лезла ко мне под одеяло в ожидании очередной сказки.

— Скажи, а парень хоть есть у тебя, которого ты любишь?

Она вздрогнула и, упершись мне в грудь руками, рывком села, сбросив одеяло.

— Есть, то есть был, — она вдруг всхлипнула. — Он не знает, как я себя веду. Ему Светка, сто процентов, не скажет. Он чересчур хороший парень. Даже чересчур. Хоть он меня чуть не заразил. Сам первый потом сказал: «Оль, ты проверься». Он очень заботливый, от меня без ума. На коленях даже передо мной стоял. Плакал. Нет, он хороший, я знаю! — горячечным шепотом убеждала она. — Мы с ним как поругаемся, он звонит сразу: «Оля, прости!» А то, что он както там с кем-то, меня не волнует совсем. Я знаю — этот человек сделает для меня все.

От ее откровений стало до отчаяния неловко. «Кошмар какой-то, — подумал я. — Ну что с ними делать?»

Я тоже сел, обнял ее, стал гладить по голове. Понемногу она успокоилась, мы легли. Речь ее замедлилась. Я заметил, что она уже путает слова. Скоро она пригрелась у меня на груди и заснула.

Утром девчонки, к моему облегчению, ушли. Их одноклассники приезжали из Питера в этот день. Им тоже надо было возвращаться и в понедельник идти в школу.

А мы опять принялись прочесывать какие-то толкучки, рынки, кабаки. Меня уже от всего этого мутило. Я понял, что готов указать на любого из тех, кого показывали мне сынки. Тем более что в большинстве своем это были вполне достойные экземпляры. В последней пивнухе мне показали типа — законченная биомасса с кабаньими глазами и черной короткой щетиной на бритой голове. Впрочем, он ничем не отличался от других, тех, что плотным кольцом окружали меня.

Ближе к обеду на одной из улиц мы встретились с Грековым.

— Как успехи? — поинтересовался он, не вылезая из машины.

Ему сказали, что похвастаться нечем. Он жестом показал, что хочет переговорить со мной. Мне пришлось подойти и в течение всего разговора, чуть согнувшись, стоять у приоткрытой двери.

— А может, все это туфта? С «опелем», с наездом? — без всяких церемоний спросил меня Греков, глядя пронзительно прямо в глаза.

Я постарался не моргать, не отводить взгляда.

— Что, и рожу себе я сам разукрасил?

— Кто тебя знает... — последовал быстрый ответ.

— Ну тогда о чем мы говорим? — в отчаянии выпалил я.

Греков держал паузу целую вечность.

— Ладно, остынь, — наконец примирительно произнес он. — Мы тут сами, по своим каналам, кое-что узнали. На вечер забили «стрелку». Я решил, что парни возьмут тебя с собой.

Час от часу не легче. Быть подстреленным на бандитской разборке — такая перспектива мне совсем не улыбалась. Но ничего не попишешь, пришлось подчиниться.

Вскоре Греков привез на хазу «железки» — три пистолета Макарова, два «калашникова» и пару коробок рожков и патронов. Сынки тотчас принялись проверять оружие — пробовать курки, исследовать смазку, разбирать, собирать.

Наблюдая за их приготовлениями, я никак не мог освободиться от странного чувства, что я — в театре на репетиции или участвую в съемках кино. В голове не укладывалось, что сейчас, на исходе обычного зимнего дня, мы поедем куда-то, чтобы стрелять, убивать или быть убитыми.

Помню, давным-давно, классе в девятом, на стрельбище я стал играть с курком автомата, забыв поставить на предохранитель. И доигрался. Автомат выпустил очередь. Наш военрук, шедший в то самое время по полю проверять мишени, упал на землю и пополз зигзагами, как ящерица, пока не нырнул с головой в какую-то неприметную ямку.

Когда он вернулся, лицо его было бескровным, руки дрожали, прыгали губы: «Сукин сын, ты ведь мог застрелить меня!» — только и выдавил он. Помню, как мы потом веселились. Я стал героем дня. Ведь никто всерьез не поверил, что смерть и вправду пронеслась у военрука над головой.

Других подобных случаев за прошедшие годы со мной не случалось, так что поначалу следить за приготовлениями сынков было даже любопытно.

В пять часов мы вышли из квартиры, спустились на первый этаж, затаились в подъезде и по сигналу Пинчи, обозначавшему, что двор свободен, быстро втиснулись в машину.

Петляя по переулкам, доехали до трассы, где

к нам присоединился красный «додж», в котором сидели четверо неизвестных мне мужиков. В общем, казалось, что разворачивался перед глазами какой-то примитивный детектив.

И даже когда мы свернули с трассы, пошел паршивый выбитый асфальт, мелькнула театральной декорацией в морозной дымке деревенька, я все никак не мог перестроиться и поверить в серьезность момента.

Как бы в насмешку представилось даже, что выходит из деревеньки вожатый, чернобородый мужик, и произносит знакомое каждому школьнику: «Беда, барин, буран!» Но на деле все оказалось совсем не забавно.

За деревней у леса нас поджидали две машины с зажженными фарами. Стоило нам остановиться, как от ближней машины отделились две фигуры и двинулись по направлению к нам, ракидывая ногами полы длинных пальто. Из нашего джипа тотчас вывалились Михай и Цыган и устремились навстречу. Мне показалось, что разговор их продолжался совсем недолго. Потом раздался хлопок, как будто у микрофона открыли бутылку шампанского. Вслед за хлопком простучала отрывисто, гулко автоматная очередь. У нашего джипа посыпалось заднее стекло. Я инстинктивно пригнулся. Михай с Цыганом кулями рухнули на заднее сиденье и сразу начали стрелять. Слегка пробуксовав на месте, наш джип понесся назад, по направлению к трассе.

В какой-то миг я оглянулся. На месте заднего

стекла чернела дыра с рваными краями, в осколках распадался, дробился свет фар преследовавших нас машин. Морозный воздух, обжигая лицо, гнал прочь тошнотно-горькую пороховую вонину.

Но не успел я ощутить себя вновь заложником, живой мишенью, как Михай сунул мне пистолет и прокричал:

— Давай!

Я сначала не понял. А потом...

— Ты только перчатки сними! — последнее, что я услышал.

Мальчишеский азарт, противный логике и разуму, проснулся вдруг во мне. Я почувствовал, может быть впервые, что могу себя защищать.

Я видел догонявшую нас машину, фары которой били по глазам, не позволяя разглядеть лица тех, кто сидел внутри. На секунду мне даже почудилось, что это старый мой знакомец, черный «опель», преследует нас.

Целясь по фарам, я с усилием нажал туговатый курок. Руку подбросило вверх, сухо стегнул выстрел. Я забыл обо всем. И стал стрелять, как будто в этих фарах заключалась главная причина моих напастей, неудовлетворенности, тоски, отчаяния и страха — всего, что мучило меня.

В этот вечер на хазе никому не было покоя. Несколько раз звонил телефон. Сынки с кем-то обменивались то угрожающей руганью, то непонятными мне таинственными фразами. Михай на кухне возбужденно рассказывал, как уложил одного из противников выстрелом в упор. Цыган клялся, что во время погони достал другого.

Около девяти в дверь позвонили. Сынки мигом выключили свет. В темноте защелкали затворы. Но оказалось, что это явились те типы, которых я видел в красном «додже». Они внесли и положили в коридоре какой-то продолговатый объемистый тюк в черной пленке, похожий на свернутый ковер.

Из разговора я понял, что после нашей шумной «стрелки» им пришлось съездить в Митино и еще с кем-то разобраться. В то время как тут, неподалеку, купленные врачи из Склифа, развернув прямо на частной квартире в рекордные сроки полевой лазарет, боролись за жизнь подраненного братка.

— Слышь, придется твоей Надежде выставлять счета, — сказал мне Пинча. — Это как нечего делать. Замазанные стволы — раз, — он загнул палец, — операция — два, мертвяки...

Я не придал его словам значения. Я не мог соображать. Ведь столько событий свалилось на меня. Я выпил полстакана водки и сейчас же отключился.

Потом Пинча рассказывал, что во сне я кричал. Меня мучили кошмары. Пинча растолкал меня около двенадцати. Сказал, чтобы я собирался. Надо ехать к Грекову. Прямо сейчас.

Я ничего не понимал.

— Он что, сдурел, твой Греков?! — вырвалось у меня вместе с кашлем, мокротой и руганью. — Чего стряслось-то? Ведь уже ночь.

Пинча оставил мое бормотание без ответа. Бросил только, чтобы я поторопился, а то папа не любит ждать.

Греков встретил нас по-домашнему: в байковой рубахе, в подтяжках, мягких брюках, над которыми расслабленно нависало брюшко, слегка отечный, встрепанный, но бодрый, оживленный, как будто часы в прихожей показывали десять, а не полпервого ночи.

Пинчу он сразу отослал назад, на хазу, а мне показал жестом, чтобы я следовал за ним. Мы прошли в комнату. Это была столовая с матово блестевшей горкой на гнутых ножках, по традиции забитой хрусталем, буфетом с кружевными салфетками, напомнившими сразу же дом деда, где они водились в изобилии: пришпиленные к спинке дивана, покрывавшие пирамиду подушек на высокой панцирной кровати, на этажерках и еще в самых разных местах. Но здесь они не создавали уюта, напротив, лишь усиливали тревожное, мутное состояние. Потому что у Грекова на салфетках стояли фотографии остроносого парня в черных траурных рамках. Фотографии поразили меня. Мне почудилось на мгновение, что птичьим носом этот парень неуловимо похож на меня.

— Давай присоединяйся, — сказал Греков, указывая на бутылки, тарелки с закусками, загромождавшие стол, как будто именно для этого и вызвал. — Не спится, видишь ли, захотелось общения.

Дверь в комнату неожиданно распахнулась. Полная пожилая женщина в легкомысленном розовом халате, отчего яснее проступали морщины, нездоровая желтизна измятого сном лица, встала на пороге.

— Конечно, ей ведь надо, чтоб ты все время был на взводе, — сказала женщина срывающимся низким голосом. — Я знаю, эта дрянь тебя погубит! Она молодая, здоровая, а ты-то куда лезешь с таким сердцем?

Я немного опешил. Мне всегда представлялось, что у Грекова должна быть безгласная, забитая, незаметная, как тень, жена.

— А это что еще за личность? — увидела она меня. — Что ему нужно в чужом доме среди ночи?

— Это не личность, — возразил ей Греков. — Это — доцент. Крупный ученый, металлург, чтоб ты знала. Мы обсуждаем с ним производственные дела.

— Приличные люди в эту пору спят по своим квартирам, — не сдавалась жена.

— Ладно, все! Ты мне надоела, — оборвал ее Греков. И тяжело, исподлобья взглянул на жену, видно давая понять, что она в запале переступила невидимую границу.

Она что-то хотела ответить, но осеклась под его взглядом и сразу исчезла с глаз.

Греков налил мне и себе. Стало до тошноты противно от одной мысли, что опять придется пить. Но о мыслях и чувствах меня никто не спрашивал. Так же, как и о событиях предыдущего дня.

Начинало казаться, что перестрелка, погоня мне просто приснились. И теперь еще длится бесконечный мучительный сон.

Греков говорил о чем угодно, только не о сути. Получалось, что он и вправду вызвал меня среди ночи просто поболтать.

Он спросил, как меня угораздило — он так и сказал, слово в слово — связаться с Надей. Я пробовал отвечать односложно. Но он не отставал, донимал вопросами. О Наде, о Михалыче, о нашем производстве.

От недосыпа, от недавних потрясений, от водки у меня мутилась голова. Я чувствовал, что меня несет. Я рассказал Грекову зачем-то о Косте Сбитневе, теперь уже покойном. Как три года назад, весной, Костя шел ко мне навстречу от метро «Парк культуры», чуть-чуть прихрамывая, своей петушиной прыгающей походкой. В огромной сумке он тащил на плече наш первый стеклянный реактор.

С Костей меня познакомила Валя. Он был ее однокурсником по химфаку и давно работал с драгметаллами. Сначала в Гиналмаззолоте, потом в какой-то частной конторе. Он совершенно бескорыстно помогал нам налаживать производство, доставал оборудование, реагенты. И только все переживал: «Зачем же вы лезете в эту парашу, ребята?»

Я пробовал объяснить, каким человеком был Костя. Это ли не диагноз! Разве Греков способен понять таких людей?

Потом я вспомнил, как Михалыч выбил нам в Комдрагмете первый кредит. К нам пошло сырье. Мы выплавили слитки, я смог заплатить ребятам первую зарплату, а заодно и оправдаться перед самим собой. Ведь получалось, что не только из-за шкурных интересов я бросил работу в университете, свою писанину, связался с Надей, влез в золотое дело, но и для пользы людей.

— Хорошая память, — внезапно с усмешкой прервал меня Греков и щелкнул подтяжками.

Только тут я вдруг понял, что надо трезветь, поднялся из-за стола и двинул, нетвердо ступая, на поиски туалета.

В обнимку с унитазом я провел целую вечность. И еще полчаса умывался. Чтобы смыть сразу к чертовой матери травяное, зеленое, потерявшее четкость лицо.

На обратном пути завернул на кухню в поисках воды.

Жена Грекова холодно осмотрела меня.

— Небось весь туалет загадил. Не стыдно, доцент?

— Ну что вы, совсем немного. Я все вытер тряпкой, — пробормотал растерянно. И вовсе смутился, замолк.

В лице у нее что-то дрогнуло.

— Послушай, ты какого года? — спросила она.

Я не понял.

— Ну, когда родился?

— В пятьдесят девятом.

— Странно, — она помолчала. — Вы что же, одного с ним года?

— С кем?

Вместо ответа она полезла в шкафчик, долго рылась там и наконец достала какие-то таблетки.

— На, выпей. И топай скорее домой.

Ее пренебрежительное отношение меня не задевало. Я почему-то не сомневался, что она хочет мне добра. Главное, после ее таблеток полегчало. А может, и чистка желудка подействовала. У меня заработала голова.

Я вернулся в гостиную. И сразу же в полной мере ощутил преимущество своего нового состояния.

Греков вдруг заговорил о вчерашнем. О тех колунах в красном «додже», которые сопровождали нас. Как в детской игре, я понял, что это и есть «горячо».

— Они к вам приезжали сегодня?

— Не знаю... Кто-то приезжал...

— Ну и что же они привезли? — с интонацией массовика-затейника поинтересовался Греков.

Я пожал плечами.

— Откуда мне знать. Я спал.

— А ты предусмотрительный! — все так же театрально удивился Греков. — Значит, покойника ты не видел? А ведь это твоя работенка. На пистолете, из которого его пришили, отпечатки твоих пальцев.

Тут я и вправду потерял нить. Какой покойник? Какой пистолет?

— Но ты же, насколько я в курсе, стрелял, — рассудительно произнес Греков.

— Да, по фарам машины, которая преследовала нас, — я чуть не добавил: «По черному «опелю», по своим страхам, по невезучей судьбе».

— А попал в человека.

Я похолодел. Ведь таинственный сверток, который те типы приперли с собой, так и остался лежать в коридоре.

— И что теперь делать?

— А ничего. Слушайся старших, и все обойдется.

И тут до меня дошло. Ну да, конечно... «Только сними перчатки». Правильно, чтобы пальчики остались. Целый спектакль разыграли! На их языке называется «сделать лоху разводку». А я купился. И теперь из меня хотят сделать шестерку, дойную козу. Ведь Греков отлично знает — если выбьем кредит, деньги придут на мой счет. Потому что во всех документах забита моя контора. Вот он и вцепился в меня.

Странный звук перебил мои мысли. Словно крупная птица царапнула коготками по жестяному карнизу. Раз и еще раз. Я поднял глаза и едва не вскрикнул. Какое-то белесо-желтое лицо приклеилось со стороны улицы к окну. На одну секунду, а потом пропало.

Я покосился на Грекова. Был просто уверен, что мне показалось. Но Греков рывком выскочил из-за стола и подбежал к окну.

— Ты слышал? Ты видел сейчас? — выдохнул он.

Я бросился за ним. Уснувшие дома, пустынная заснеженная улица, дорога, слабо освещенная фонарями, лежали за окном.

Греков плотно задернул шторы. Мы вернулись к столу.

«Что это было?» — спрашивал я себя, невольно оглядываясь по сторонам. Казалось, сын Грекова с фотографий в траурных рамках глумливо подмигивает мне. Впору было поверить Надиным рассказам, в которых Грекову все чудились по ночам шорохи, стуки, мертвые лица, сдавленные голоса.

— Послушай, я что-то устал, — пробормотал внезапно Греков, прервав затянувшееся молчание.

Он начал потеть. Так покрывается влагой банка, если ее в жаркий день вытащить из холодильника. Капли ползли от висков по щекам, стали влажными волосы, заблестела, как лакированная, крепкая морщинистая шея. Вяло, безвольно он махнул рукой, показывая, что ему не до меня:

— Ты можешь идти. Я тебя отпускаю.

И вот я очутился глухой ночью на безлюдной

улице, за последние дни впервые предоставленный самому себе. Я был в таком состоянии, что даже не обрадовался свободе.

Коралловые заросли окружали меня. Снег глушил звуки. Лишь шум проспекта, в направлении которого я держал путь, доносился глухо, как шум прибоя.

Море грезилось за домами. Когда-то на морском берегу я охотился с дедом за кладами. В тайных скалистых гротах золото сторожили хитроумно-жуликоватые греческие боги — кумиры моего детства.

«В жизни все имеет свой сюжет», — внушал я на занятиях студентам. Вот и мой детский сюжет получил продолжение. Мной опять завладел язычник, беспощадный пройдоха Грек.

Подчиняясь сюжету, поливалка из детства, убиравшая по совместительству снег, привезла меня домой.

— Господи, наконец-то! — бросилась ко мне мама, окутав домашним теплом. Ее пальцы скользнули по лицу и уверились, что со мной все в порядке.

С облегчением мама вздохнула:

— Слава богу! Ты дома! А то я покой потеряла. Чуть с ума не сошла.

Было такое чувство, что я вернулся домой после долгих скитаний и обнаружил: никого из близких не осталось, кроме мамы, которая превратилась в старушку. Согнулась, сморщилась, лицо и руки покрылись гречкой. И все равно хотелось крикнуть: «Мама, не отдавай им меня!»

Я отправился стелить постель. И тут же запищал телефон.

— Твои друзья удержу не знают, — выглянула из своей комнаты мама.

Я поднял трубку и услышал опять:

— Слава богу! Ты дома? — только голос был Надин и в трубке трещало. — Послушай, такой ужас — Греков умер. Неожиданно. Сердце. «Скорая» не успела. Мне сейчас сообщила жена...

— Да этого не может быть! Я ведь только что от него...

Она что-то еще говорила, о чем-то спрашивала меня. Я отвечал на автомате, ничему не веря, ничего не понимая. Потом вдруг всплыло желтое лицо в окне, донесся голос Грекова: «Ты видел?» — и тяжесть, давившая все это время, пропала.

Утром открыл глаза и сразу почувствовал: то, что сказала Надя, правда. Для этого не требовалось никаких доказательств. Тюлевые занавески, прошитые солнцем, слегка розовели, сквознячок шевелил их. Они дышали совсем по-весеннему. Как когда-то на даче, где голубые тени от деревьев оплетали оранжевый снег; на склонах и на прогретых полянах, пахнувших ультрафиолетом, снег оседал с едва уловимым шуршанием. Острые ростки нарциссов появлялись на подтаявших клумбах, а в канавах беспокойно и сбивчиво бормотала вода.

Природа давала понять, что все мрачное позади. Я сделал зарядку, как в старые добрые времена, потом забрался в ванну. А когда вышел, запах яичницы с помидорами и ветчиной, горячих золотистых хлебцев, свежемолотого кофе уже тянулся с кухни мне навстречу.

Хлебцы можно намазать джемом или тоненьким слоем мягкого тающего сыра, сидеть за столом в халате, с мокрой головой, чувствуя подобранное, приятно зябнущее тело, и знать, что все еще в жизни возможно.

«Неужели судьбе угодно не останавливать меня, чтобы шел дальше по пути наших с дедом безумных фантазий?» — подумал вдруг я.

Дед с усами был плоть от плоти тех казаков, кого на парусных «чайках» вместе с атаманом Головатым занесло при Екатерине на Кубань. Казаки рыбачили в войсковых водах, охотились, обороняли границы державы. Но уж при случае и сами бывали не прочь пощипать беспокойных соседей. Таким путем в наш род, по словам деда, затесалась даже одна черкесская княжна.

Надежда на свое умение, изворотливость, на быстроногого коня да вера в шальную удачу толкали на игры с судьбой.

Но ведь был у меня и другой, рано умерший дед — без усов. Тихий сельский учитель, мечтательный созерцатель, родовые корни которого уходили чуть ли не в Китай. Я помню рассказы о торгаутском князе, сдиравшем с живых пленников кожу, об уйгурских восстаниях, о курильнях опиума в Шанхае. Может, оттуда, из опийных снов, брала начало моя мечтательная авантюрность.

Едва со смертью Грекова развеялась прямая опасность и я немного пришел в себя, как жажда деятельности вновь овладела мной. Я позвонил в институт. Ведь я даже не знал, передала ли Таня мой портфель со слитками Хусану.

Как всегда, без ненужных расспросов, Хусан двумя фразами успокоил меня, сказал, что портфель лежит в общем сейфе. Ключи от сейфа у Кузьмича. Правда, его самого нет сегодня на месте. (Тут я слегка занервничал.) Но Хусан пояснил, что Кузьмич взял отгул, у него осложнения с женой. Если надо, Хусан был готов после плавки сгонять к Кузьмичу за ключами.

Михалыч с Надеждой могли появиться в любую минуту и потребовать слитки, поэтому для подстраховки я решил ехать сам. Хотя Кузьмич жил у черта на рогах, возле Измайловского парка.

Через час я добрался до места. На звонок и на стук мне никто не ответил. Предчувствия не обманули меня. Я психанул по-настоящему, ведь время шло.

На мое счастье, старушки, гулявшие у крыльца, оказались в курсе: «Да он побег в парк — Степановну отлавливать».

Их слова показались довольно странными, но я не стал вдаваться в расспросы. Слава богу, одна из бабулек вызвалась меня проводить. По дороге она объяснила, что Степановна в этот год совсем сдала, то и дело у ней какой-то нерв в голове защемляет и происходит затмение сознания. Мы прошли мимо автобусного круга, станции метро, стихийного базарчика, где крепкие, золотозубые молдаванки, топчась в грязи, трясли сырым мясом, самопальной водкой и дешевым тряпьем.

— Теплые панталоны для мужчины — лучшая подруга в холода! — потянулся к нам, чмокая губами, грузный, отечный мужик.

Мы нырнули в подземный переход под путями и, наконец, выбрались на другую сторону, в парк.

Время, гнавшее меня галопом, внезапно замедлилось, остановилось. Как будто у него забарахлил и встал мотор.

Нас окружили осины, березы и ели, покрытые снегом. Городской шум растворился в чуть слышном потрескивании, поскрипывании, шорохах, когда снежная пыль от малейшего дуновения сеялась с веток, взблескивая на свету.

На мгновение я забыл о Кузьмиче. И когда провожатая потянула меня за рукав, испытал даже легкую досаду.

Она указала на одну из дорожек. Престранная картина открылась мне. Посреди дорожки стояла женщина. Воробьи, снегири и синички облепили ее. На рукаве сидела белка и что-то ела с руки.

Рядом с женщиной суетился и прыгал Кузьмич, то и дело взмахивая руками. Тревога его была понятна. Женщина могла простудиться: из-под пальто торчала ночная рубашка, сухим лиственным шелестом отвечали морозному ветру бумажные бигуди на непокрытой голове.

Я негромко окликнул Кузьмича. Он бросился к нам и в спешке, поскользнувшись, чуть не бухнулся к моим ногам.

— Это Бог вас послал, не иначе!

— Объясни хоть, что тут происходит!

— Да чего объяснять! Вы же видите, — горестно всхлипнул Кузьмич, — в склероз впала моя старуха. В полнейший маразм. Реле у нее залипло. Каждый день теперь стала твердить: «Собирайся давай, погостили и хватит. Надо ехать домой!» «Да мы ж дома, — говорю. — Слава богу, семнадцатый год тут живем». А она башкой мотает: «Не надо меня дурить». И при первой возможности, видите?.. В парк в этот дует. — Кузьмич замахнулся на жену: — У-у! Стыдоба! А ей все равно. Даже дверь в квартиру оставляет нараспашку. Так и жду, что обчистят до нитки хорошие люди.

— А чего ж ты ее не запираешь? — вырвалось у меня.

— Пробовал. Так она начинает кричать, звать на помощь. Как будто ее режут. Подлюка!

— Уж два раза милиция приезжала, — пользуясь паузой, вставила быстро моя провожатая.

— Да ладно бы крики — газ может открыть!

— И давно это у нее? — спросил я, следя, как

со щебетом перелетают воробьи с макушки Кузьмичевой жены на рукав.

— Да уж с полгода примерно, — сказал Кузьмич, — все нервы мне измотала. Может и среди ночи разбудить. «Собирайся, — бормочет, — Вася. Не могу больше ждать».

— Это смерть ее манит, — не удержалась опять провожатая.

— Так пусть бы уж скорее подыхала! — сплюнул в сердцах Кузьмич.

И тут меня осенило.

— Как зовут твою жену? — спросил я Кузьмича.

— Марьей Степановной звать.

— А детей? Ведь у тебя двое?

— Так точно, сын — Сашка, а дочь — Татьяна.

— Марья Степановна! — позвал я.

Никакого ответа. Кузьмичева жена продолжала кормить птиц, бормоча что-то себе под нос.

— Марья Степановна! — не сдавался я. — А к вам дети пришли, чтобы перед дорожкой проститься. Саша с Татьяной. Они вас давно уже ждут.

Марья Степановна обернулась и посмотрела на меня бессмысленными, чистыми глазами. Потом улыбнулась и с готовностью закивала. Я взял ее под руку, Кузьмич — с другой стороны. Так мы и доставили ее домой.

Блудная душа возвратилась в свою однокомнатную квартиру. Душноватое, но все же уютное, пыльное царство, забитое старенькой полированной дребеденью, когда-то казавшейся верхом совершенства, с веселенькими занавесками в цветочек, горшками с алоэ, банками, тюками приняло ее. За всем этим уютом вставало обычное: работа, дети, болезни, Кузьмич с затухающим пульсом, выбивание из сил. Ведь начинали, по рассказам Кузьмича, с барака, потом коммуналка-клоповничек на двенадцать семей в районе Бутырского вала.

Теперь Марья Степановна, не найдя дома детей, горько плакала в углу кухни. Кузьмич не оставлял ее в покое, засовывал в рот таблетки, как грецкие орехи гусыне перед Рождеством. Марья Степановна хрипела, билась в его руках. От ее судорожных движений прыгала и звенела на столе посуда.

Я смотрел на эти чашки с блюдцами и думал: «Еще недавно, утром, они сидели мирно, пили чай. Как и мы с матерью на другом конце Москвы. Ну а потом, в какой-то миг, она вдруг ускользнула от бдительных Кузьмичевых глаз и побежала...»

Но ведь и мне с утра, когда глядел на прошитые солнцем занавески, хотелось чего-то такого. Я помечтал и забыл. А она вот взяла и вырвалась из опостылевшей жизни прямо в ночной рубашке. Может, почувствовала, что времени для мечтаний у нее уже нет?

...Первым делом, добравшись до института, я зашел в Кузьмичеву каптерку и заветным ключом отомкнул сейф. Портфель стоял на самом видном месте. Потертый, верный мой голубчик.

После набора кода послушно и мягко щелкнули замки. Я достал слитки. Их оказалось ровно семь. Да, семь увесистых бляшек, семь расплывшихся куриных желточков, завораживающих зеркальным блеском со странной затягивающей глубиной.

Скоро пять слитков перекочуют к Михалычу с Надеждой. А два останутся у меня. Я рассматривал их, покачивая на ладони. Каждый лежал в отдельном прозрачном пакетике, на котором был написан вес. Полтора килограмма желтизны в чистоте. Они теперь принадлежали мне по праву. Я их выиграл, выстрадал.

Я ждал: должны же в такой миг возникнуть какие-то особенные чувства, уверенность, например, что это перелом и все начнет теперь блестяще получаться; облегчение, гордость собой, своим умением добиваться намеченной цели... Но ничего не было. Просто тяжелые металлические бляшки оттягивали ладонь.

Я ощутил усталость и разочарование, может быть потому, что оставил себе только два слитка? Каких-нибудь восемнадцать тысяч зеленых. Разве можно на них решить все проблемы? Даже мечты о домике под черепичной крышей, увитом виноградом, где-нибудь на морском побережье, в маленьком городке из сказок братьев Гримм, не посетили меня в этот миг.

Я просто подумал: «Вот и слава богу. Наконец я добрался до них».

Очень вовремя подумал, потому что в следующую минуту зазвонил телефон и Надежда сказала: «Приготовь слитки, мы с Виктором Михалычем едем к тебе».

Они появились примерно через час. Я встречал их у проходной и немного волновался. Наступал решающий этап.

Светило солнце. У высокого крыльца под водостоком искристыми коронками разлеталась капель. В голубых лужах, среди сплетения четко обрисованных ветвей, застряли облака. Воробьи в облаках занимались любовью.

Вылезая из машины, Надя капризно поджала пухлые губы, сморщила носик, стараясь не попасть в воду, — гладко-округлая, нежно-розовая в окружении пушистого, серебристого меха. Я загляделся на нее и чуть не загремел с обледенелых ступенек.

Оказалось, что я не одинок. И на Михалыча Надя в тот день явно произвела впечатление.

— Надежда, постой! Я тебя перенесу! — прокричал он, бодрой рысью огибая машину. Настроен он был решительно: пальто разлеталось, жидкий чубчик молодцевато трепетал над головой.

Не успела Надя опомниться, как он ухватил ее под коленки. Надя медленно поплыла вверх. Михалыч при этом только что не лопался с натуги. Лицо его стало свекольно-красным, глаза закатились, он в муке вывалил язык.

У меня промелькнуло: «А ведь я когда-то довольно легко нес ее до метро на руках».

— Пусти, сумасшедший! Щекотно! — спас Михалыча в самый последний момент Надин крик.

Честно сказать, его поведение сбило меня с толку. Ведь с тех пор, как мы извлекли Михалыча из деревни, в отношениях с Надей он ограничивался исключительно деловыми контактами. Он всегда чутко чувствовал конъюнктуру и даже не пытался без серьезных оснований навязывать себя. Хотя Надя, по-моему, втайне этого и желала...

А тут на тебе, по прошествии стольких лет вновь полез в ухажеры. И как раз когда вакантное место было уже занято.

Причина открылась, когда у меня в кабинете стали осматривать, взвешивать слитки. Из отрывистых реплик я понял, что Михалычу так и не удалось отмыться после истории с черным «опелем». Надя до сих пор не могла или же не хотела понять, какая спешка заставила погнать меня без охраны, на ночь глядя с семью килограммами желтизны в портфеле через весь город. И еще, по какой причине «опель» следовал за мной почти что от институтских ворот.

— А я откуда знаю? Просто совпадение. К тому же все, как видишь, обошлось, — пробовал закрыть тему Михалыч. — Давай кончим на этом.

— Извини, не имею возможности.

— Брось! Посмотри лучше, какой сегодня день. А то одна работа на уме. Засохнешь ведь так, девка!

Неприметно, бочком, Михалыч подъехал к Наде, приобнял за талию и, словно деревенский сердцеед, вдруг ущипнул за аппетитно выступавшие под трикотажной юбкой ягодицы.

— Кш-ш! — взвизгнула от неожиданности Надя и замахала беспорядочно руками. — Отлепись, Михалыч!

— Надежда, ты меня возбуждаешь! — раздухарился он окончательно, почувствовав, что Надин голос потеплел.

Я созрел для того, чтобы вмешаться, но Надин взгляд меня остановил. Похоже, она хотела, чтобы я оставался зрителем этого спектакля.

— Как оживился-то, бедняга! — со смехом бормотала Надя, барахтаясь в крепких объятиях Михалыча. — Все равно ведь не надышишься... Ну ладно, проехали!

В словах ее послышался приказ. Михалыч сразу разжал руки.

— Опять ты за свое, — поскучнел и нахохлился он. — Но ведь сама же предлагала — хорошо бы воякам живое золотишко показать. В свете нашей идеи с кредитом.

— Да, но не ночью же. Или какие-то соображения у тебя были на этот счет?

— Какие соображения! Просто товарищи припозднились с плавкой. У Дмитрия вон спроси, — он кивнул на меня. — А тут удобный момент: и Борис Петрович, и Яков Михалыч. От них же впрямую зависит, ты знаешь...

— А почему не дождался машины?

— Так ведь машина в тот вечер была у тебя.

— А ребят для охраны не пришло в голову дать? Еще счастье, что Дима взял с собой только два слитка.

Михалычу, как видно, нечем было крыть. Хоть он вполне мог сказать, что и ребята в тот вечер оказались все в разгоне. Но он не сказал, почуяв, что его намеренно загоняют в угол.

— Ну раз так, то не знаю, где, что и как... Получается, что это я все устроил.

Надя красноречиво молчала.

— Мне что, побожиться, чтоб ты поверила? Крест поцеловать? — вновь предпринял отчаянную попытку свернуть на шутейный тон Михалыч, но красные кроличьи глазки с головой выдавали его.

И опять вместо ответа тишина.

— Ну что ж, — эффектно вздохнул Михалыч, — как раньше, в старину, говорили: вот я весь тут, перед тобой. Хочешь — казни, хочешь — милуй, но я не виноват.

С ироническим хмыканьем, с тихим и напряженным сопением, каждым движением стремясь подчеркнуть дурашливую театральность ситуации и собственное легкое юродство, Михалыч опустился перед Надей на колени. Он ждал, что вот-вот лед растает и она подыграет ему.

Надя не шелохнулась. Он был повержен к ее ногам, как и она когда-то к дверям его квартиры. Он ловил ее взгляд, но напрасно. Она смотрела на меня, словно бы демонстрируя заключительный акт давней пьесы.

Мне стало не по себе. Я физически не выносил унижений.

Вывести Михалыча из-под удара было совсем не сложно. Я рассказал о попытке покойного Грекова сделать мне разводку, о покушении на наш драгоценный кредит.

— И с «опелем» вполне могла быть его затея...

Утопающий сразу почуял спасение и мигом оказался на ногах.

— Вот видишь, я ей то же самое говорил!

«Эх ты! — сказал Надин взгляд, брошенный на меня. — Не сам ли внушал мне, что в этом деле много странных совпадений. Все свои доводы против Михалыча я взяла у тебя».

Она явно была раздосадована. Я спутал ей карты, испортил сценарий.

— Успокойтесь! Бог с ним! Грехи тяжкие его задавили, — отчеканила Надя с неприкрытым раздражением.

По тону я понял, что надо смягчать ситуацию.

— Да нет, я разве что говорю... Тем более все очень даже складно получилось. Само собою, без насилия, без крови...

Но Надя не слушала меня. Похоже, мне с ходу

готовились преподать урок за самовольство, за непослушание. Чтобы не зарывался, чтобы чувствовал, где направляющая рука. Скорбным тоном Надя сообщила, что похороны Грекова состоятся завтра, в десять утра. Мне тоже необходимо там быть. Потому что на похоронах ее обещали свести с человеком, который может пролить свет на историю с «опелем» и с пропавшими слитками. Она многозначительно посмотрела на меня.

В девять пятнадцать Надя подобрала меня на базарной площади возле метро «Выхино», под часами, и мы поехали в церковь на отпевание. За рулем вместо Бальзаминова сидел теперь косоглазый, неловко-напряженный паренек. Рядом с ним, как в старые добрые времена, громоздился амбал Дубовенко, дружелюбно и уже с оттенком явного подобострастия посматривавший на меня. Я разместился на заднем сиденье с Надей, сжимая в объятиях венок и корзину цветов.

На горке, возле церкви, припарковаться нам не удалось из-за столпотворения машин. Чертыхаясь тихонько, Надин новый шофер приткнулся внизу, в ближайшем переулке. Надя сказала, чтобы мы с Дубовенко взяли венок и цветы, шли на церковный двор и ждали ее там. Ей надо еще переодеться.

По небу несло дымные облака, солнце то появлялось и зажигало церковные купола, наполняло двор голубоватым блеском, то пропадало. И тогда бросались в глаза лужи, грязные сугробы, стаи воронья, клочьями жженой бумаги кружившие над крестами. Народ, заполонивший двор, начинал переминаться, ежиться, поглядывать на часы.

Я почти никого тут не знал, но бросалось в глаза обилие людей значительных, в кашемировых длинных пальто, даже в церковной ограде не расстававшихся с охраной. Они стояли группками или прохаживались по двору, здоровались, обнимались, иногда с поцелуями, закуривали, обменивались словами.

Надя окликнула меня. Я обернулся и чуть не выронил венок. Без шубы, в какой-то черной кацавейке, черном платке, надвинутом на лоб, она смахивала на монашку.

Хотя чему же тут удивляться? Ее любимая манера — во всем идти до конца. Крайности не давали ей покоя. И это тревожило меня. Я вспомнил поверженных Михалыча и Бальзаминова. Не ждет ли та же участь и меня?

— Пойдем, покажемся вдове, — тоном приказа сказала Надя и решительно зашагала вперед.

Жена Грекова с того дня, когда я видел ее в первый раз, заметно оплыла, потемнела. Ноздреватое рыхлое лицо, казалось, приготовилось истечь соленой влагой, как мартовский нестойкий снег. Надя припала к ней, обняла и отшатнулась с закушенной нижней губой, стала сморкаться в платок.

— Да, деточка, да... Вот как бывает, — видимо, в сотый уже раз с безжизненной скорбью проронила вдова. — Только и успел, что крикнуть два раза. Страшно как-то, не по-человечьи. Я прибежала, а он лежит уже без сознания и шепчет что-то. Я наклонилась, слышу: «Паша! Паша!» Так нашего сыночку звали. Теперь, может, свидятся там.

— Грехи его не отпустили, — вполголоса хрипло сказала Надя.

Мне показалось, что наперекор традиции ей важно было и тут лишний раз помянуть про грехи. В смерти Грекова появился оттенок возмездия.

Вдова ничего не ответила, не желая, видно, пустых выяснений в такой день. К ней протиснулся вновь прибывший худой, суетливый мужик, и мы тихонько отошли.

Надя оставила меня посреди двора, а сама стала ходить среди собравшихся, здороваться, разговаривать. Я следил за ней взглядом и не мог отделаться от мысли: «Неужели и мое возмездие притаилось среди них?»

Взгляд выхватывал лица молодые и не очень, оживленные, мрачные, с хитрым прищуром, непроходимо тупые. Кто же из них, интересно, взялся пролить свет на историю с «опелем»? Я терялся в догадках. Но все равно, кто бы он ни был, мне казалось, что я не проиграю. Ведь вот и покойник не смог отыскать черный «опель». Теперь они оба уйдут в область снов, станут мнимостью, призраками, миражами.

С верхушки колокольни сорвался тихий перезвон, спугнувший только что угомонившуюся стаю. Под зловещее карканье человек шесть мужчин двинулись к автобусу с черной полосой. Среди них я узнал и недавних знакомцев: Пинчу, Цыгана, Михая. Они достали малиновый гроб, в котором качнулось стеариновое, незнакомое лицо, похожее на грубо слепленную маску, и понесли гроб в церковь. Все, кто был во дворе, оборвали разговоры, сняли шапки и нестройной цепочкой потянулись за ними.

Гроб поставили против Царских врат, затеплили свечи и сбились полукругом под гулким куполом, с которого взирало на нас Всевидящее око.

Взоры приклеились к заостренному, костяному профилю покойника. Да, облик Грекова изменился неузнаваемо. То, что я видел, лишь отдаленно напоминало коварного, хитроумного, беспощадного старика в байковой рубахе, который всего несколько дней назад пил водку, хрустел капустой, капая соком себе на живот, и то и дело, сощурившись, щелкал тугими подтяжками, словно стрелял в меня из рогатки.

Он, наверное, даже замысливал убить меня. Теперь Греков сам лежал без жизни и начинал разлагаться. Я видел синие трупные пятна у него на шее. Он проиграл. Его настигла расплата. Скоро его отпоют, и старый грешник отправится гнить в землю.

Но ведь это ждет всех. Никого не минует. Мои болячки, запах изо рта по утрам — начало гниения. Однажды все ощущения для меня прекратятся. И это навсегда. На веки вечные. А что останется? Ничего. Исчезну без следа.

У кого-то из присутствующих запиликал мобильный телефон. Пожилой сутуловатый батюшка с мягким осуждением бросил взгляд на того, кто не мог и в такие минуты отрешиться от мирской суеты. Нарушитель сконфузился и поспешно вышел.

Как-то очень спокойно, деловито и буднично батюшка стал ходить вокруг гроба, что-то там убирать, поправлять быстрыми движениями сухих, почти бесплотных пальцев, будто садовник, обихаживающий клумбу. Мне показалось: под его движениями стеариново-трупный лик Грекова и даже сама смерть вдруг перестали сеять ужас.

Острым носом Греков напомнил фотографии в траурных рамках, которые я видел в его доме. Похожесть, скрытая при жизни, вдруг резко и отчетливо проявилась теперь. И стало ясно, что грековский род закончил свое существование на земле.

Началось отпевание. Батюшка пел тихо, гундосил, срывался на подростковый фальцет. С трудом я уловил обрывки слов о тех одеждах, которые должны обветшать и исчезнуть, а Божья суть мира останется прежней. И это меня почему-то утешило.

Стали прощаться. Пошли к «последнему целованию». Вдова замерла у гроба, склонилась, принялась трогать Грекова мелкими частыми касаниями, как слепая. Казалось, прожитые годы сыпались сквозь растерянные пальцы на застывшее лицо. Все стояли в молчании и ждали. Наконец, в руках ее стало пусто, и она отошла.

К гробу потянулись другие родственники. За ними пристроилась и Надя. Но когда настала ее очередь, она вдруг вильнула в сторону и с каким-то утробным мычанием, отчаянно мотая головой, прижалась к стене. Возникла неловкая пауза.

Я быстро протиснулся к ней, взял за плечи. Она покорно обмякла в моих руках, уткнулась носом мне под мышку, как малое дитя. Она была слаба и нуждалась в опеке. И мне стало неважно, что еще вчера от нее исходила опасность.

— Я не могу, понимаешь? — зашептала она сквозь слезы.

— Тише, тише, — пробормотал я в ответ, испытывая сейчас к ней почти родственные чувства.

Тем временем батюшка с трудом просунул в скрюченные пальцы покойного «отпуск», накрыл его покрывалом, крестообразно посыпал персью. На гроб наложили крышку и стали выносить.

Когда сели в машину, я, сознавая уже, что прощен и вчерашняя наша размолвка забыта, первым делом спросил про того мужика, который должен был пролить свет на историю с «опелем». Надя сначала не поняла, о чем речь, или сделала вид. Мне пришлось объяснять. Надя сказала, что не видела его. Он не пришел. Она была рассеянна и не склонна к разговорам.

У меня, что называется, от сердца отлегло: «Ну не явился, и слава богу», — подумал я, укрепляясь в сознании, что «опель» и похищенные слитки больше уже никогда не всплывут, не вторгнутся в мою жизнь. И стал думать о Грекове, о Наде, о себе.

Незаметно подъехали к кладбищу. Я увидел, какое оно неприкаянное, маленькое, сжатое со всех сторон новостройкой. Десятков пять-шесть могил без всякого забора примостились на пустыре. Казалось, город вот-вот поглотит их без следа.

— Зато недалеко от метро, — сказала поспешно Надя. — Вдове ездить будет удобнее. Она сама приглядела это место и попросила меня все устроить.

Я опять мельком подумал о возмездии и о грехах. Ведь, зная наши российские свойства, нетрудно представить, что с последним пристанищем Грекова может вскоре произойти что угодно. Оно может сровняться с землей, стать проезжей дорогой, фундаментом здания...

На кладбище церемония прощания пошла быстрее. Видно, за пару часов все уже попривыкли к присутствию мертвого тела, растратили эмоции, острота потрясения исчезла. Народ явно устал.

Без проволочек, слаженно извлекли гроб из автобуса и понесли к свежевырытой могиле. Она была хорошо видна между ржавых крестов и скособоленных надгробий рыжими глинистыми краями.

Пинча пятился задом перед гробом и разбрасывал еловые ветки. По народным поверьям, ветки разбрасывали, чтобы покойник уже никогда не вернулся назад и никого бы не потревожил. Но Пинча вряд ли знал такие тонкости. Как, впрочем, и все остальные, стремившиеся к одному — чтобы все совершилось возможно скорее, но при этом прилично, по-людски.

Стараясь не измазаться глиной, к могиле начали пробираться по очереди разные люди, от окружных начальников до соратников и друзей, и произносить короткие речи: какой Греков был прекрасный работник, организатор и просто чуткий человек; как чудесно при нем работала телефонная связь в районе; как его всем теперь будет не хватать.

Говорили коротко, в хорошем темпе. Только когда стали опускать гроб в могилу, приличную атмосферу нарушил пронзительный бабий крик, раздавшийся от того места, где находился автобус и многочисленные машины. Все обернулись невольно и увидели медсестру Дашу. Она стояла на коленях, закрыв лицо руками, и кричала.

Наверное, ей запретили на людях прощаться с покойным из-за боязни скандала. Но, увидев, как гроб, чуть покачиваясь и кренясь на веревках, ушел в яму, она не сдержалась, давая понять, что в отличие от старика еще жива.

К медсестре подбежали какие-то люди из охраны, ухватили под мышки и волоком потащили за автобус. Что они там проделали с ней, неизвестно. Но больше она не возникала. Приличия были восстановлены.

За поминальным столом в той самой комнате, где мы сидели с Грековым и я не верил, что выберусь отсюда живым, всем заправляли две коренастые низкорослые старушки-чернушки, похожие на грибы с широкими литыми шляпками и короткими ножками, которые так просто не сшибешь. Они говорили, когда есть кутью, блины, кисель, когда вставать, петь молитвы и креститься. Вдова все порывалась рассказать, как они встретились с Грековым и поженились: он работал на телефонной станции простым монтером, а она — домработницей в генеральской семье.

На поминках мы долго не задержались. Надя шепнула мне на ухо, что очень устала и хочет домой.

В лифте, прижавшись ко мне большой мягкой грудью, она сообщила, что последнюю ночь совсем не спала, мучили кошмары. Попросила поехать на дачу с ней вместе.

При слове «дача» я почувствовал что-то похожее на аллергический спазм. Мне совсем не хотелось опять возвращаться туда, в комнатку возле бассейна с решетчатым окном. Ведь именно с дачи и начались мои недавние мучения. Но я видел, в каком она состоянии. У меня просто не было выхода. Я подчинился.

В машине Надя сейчас же стащила траурное одеяние и осталась в одной цветастой кофточке и юбке. Похоронная оглушенность, чувство гнетущей тоски начали потихоньку отступать, стоило только попасть на оживленные улицы, в потоки машин с солнечными бликами на лобовых стеклах.

Ларьки, базарчики, пестрота витрин, люди, со смешной неуклюжестью прыгавшие через лужи, — все возвращало нас опять к спасительной суете жизни.

Надя внезапно заговорила о деле: необходимо скорее представить нашу технологию руководству Комдрагмета. Иначе кредит может запросто уплыть от нас. На подготовку есть максимум полторы-две недели. Начинать хорошо бы не мешкая.

Развивать тему Надя не стала, просто вздохнула и положила голову мне на плечо. Для удобства пришлось приобнять ее за талию. Пальцы сейчас же нырнули в мягкие жировые складочки.

Странно. Раньше полные, крупные женщины стойко не нравились мне. Я считал, что толстушки лишены изящества, легкости, грации, всего того, что, по моим понятиям, составляло суть женской красоты. Я терялся перед избыточностью их плоти. Когда случалось во время танцев держать их за бока, я представлялся себе рулевым корабля, потерявшего управление.

Возможно, Наде с ее удивительной проницательностью удалось уловить мои мысли. Вдруг среди ночи, на даче, она спросила меня:

— Тебе не странно?

— Что? — не понял я, остывая на спине после собственной жалостливой страсти, женского нежного тепла, как оказалось сверхнеобходимых при завершении кладбищенского дня.

Надя не отвечала.

— Что ты хотела сказать? — переспросил я.

— Что мы лежим в одной постели, занимаемся любовью, — нехотя отозвалась она. — Ведь раньше, если память не изменяет, я была для тебя кем угодно, но только не женщиной...

Я повернулся к ней и увидел устремленные на меня трезво-холодные глаза. В них не было и следа обморочной истомы, как будто бы не она только что билась в моих объятиях и стонала: «Ой, мамочки! О Боже! Боже!»

Я отвел взгляд, забормотал что-то о капризах чувств. Неубедительно. Потом вновь посмотрел на нее.

Надя лежала на боку на огромной роскошной кровати с зеркальными спинками. Пухлая рука подпирала розовую щеку в персиковом нежном пушке. Бедро, как шар, вздувало одеяло. Кустодиев опять померещился мне. Я понял, что и сам давно нуждаюсь в утешении.

А иначе как было объяснить? Ведь она говорила правду. Прежде как женщина она меня совсем не занимала. И ничего бы не случилось, если бы лет семь назад, в один весенний вечер, когда дождь с мелким градом колко сыпал в окно и тянуло из всех щелей знобкой сыростью, возвращаясь на кафедру с лекции за пальто, я не застал бы ее плачущей в одиночестве в тесном лаборантском закутке за шкафами. Тогда я пожалел ее. Да, я всегда на этом попадался. И каждый раз все так банально, трафаретно выходило: слезы, обманутые чувства, нежелание жить.

Надина драма заключалась в том, что она не могла понести. Врачи считали, что это расплата за ранний аборт. Попросив не зажигать свет, с шокирующей откровенностью она стала рассказывать мне сквозь слезы, что муж перестал считать ее женщиной. Они давно не спят в одной постели, он часто даже не приходит ночевать. У нее начала болеть грудь, появились подозрительные выделения. Врачи грозят, что если половая жизнь не станет регулярной, можно ждать самого плохого.

На кафедре было пусто, гулко, темно, потрескивали, рассыхаясь, старые шкафы, сквозняки и тараканы с шуршанием блуждали в кипах отчетов, дипломов, программ. Отсвет уличного фонаря на миг выхватил из тени ее лицо. Она подняла на меня мокрые, запухшие глаза. Размазанная тушь змеилась вдоль висков и дальше ползла по широким скулам. У края губ быстро вздулся и лопнул радужный пузырек детства. Она подавилась слюной и закашлялась. Я, не зная, что делать, от души хлопнул ее по спине.

прошел дождь со снегом. За окном все тонуло в тумане. Лоснившиеся от влаги голые деревья раскачивались на ветру. Двор превратился в огромную черную, жирно блестевшую лужу, которую то и дело нещадно дырявила сыпавшаяся с веток вода.

В противоположность мне Надя выглядела успокоенной, кроткой, размягченной. Ее нога под столом то и дело терлась легонько о мою коленку. При этом, уставившись в окно, она голосом сомнамбулы говорила глухо и бесстрастно:

— Смотри, какой ветер качает этих деревцов...

— Как? — переспрашивал я, видя, что дух ее витает где-то далеко или все еще бьется, запутавшись в смятых, горячих простынях безразмерной зеркальной кровати.

— Тьфу, извини, то есть деревца, — механически поправлялась она.

Лишь ближе к полудню она взяла себя в руки и опять стала деловой женщиной, умевшей контролировать себя.

Ее предложение поехать вместе в министерство, чтобы выяснить у нашего куратора Степана Ивановича Дмуха, как обстоят дела с заявкой на кредит, а потом в три часа встретиться с замминистра, подтверждало, что я действительно потрудился не зря. Получалось, что очень скоро Михалычу придется сдавать мне дела. Но хочу ли я этого? Да и справлюсь ли я?

Конечно, я знал, хоть и мельком, Канюхина,

замминистра. И с Дмухом мне приходилось встречаться не раз. Но это ведь ни о чем не говорило.

Когда мы подъехали к министерству, снова начался дождь. Из-под козырька главного подъезда выскочил Михалыч и, прикрываясь зонтом, прямо по лужам зашлепал к машине.

— Опаздываете! — бодро выпалил он, открывая Наде дверь. И сразу осекся. Он никак не ожидал увидеть в машине меня.

Надя ему ничего не ответила. После длительной паузы Михалыч довольно бесцеремонно спросил:

— С Канюхиным тоже втроем будем встречаться?

— Втроем. У тебя есть возражения? — сказала Надя, выбираясь из машины.

Естественно, Михалычу не мог понравиться Надин ответ. Он ведь привык, что я со своими технологиями, реакторами, печами выполняю роль ширмы, под прикрытием которой работает мастер дворцовых интриг. Ему не хотелось пускать на свою территорию лишних людей. И даже чувство благодарности за мою недавнюю поддержку ничем себя не проявило.

Михалыч сунул мне зонт, а сам сделал вид, что отряхивает брюки. Ему необходимо было время, чтобы прийти в себя. Только в вестибюле он догнал нас, промокший и мрачный, и протянул пропуска.

Мы поднялись на четвертый этаж. В знакомой комнатке, напоминавшей мужскую общагу запахом несвежих носков, какой-то пищи и табачным перегаром, жужжала, билась о стекло проснувшаяся с первым теплом муха.

«Только мухи, да духота, да казенные дела...» Европейцев уже не один век охватывал ужас, стоило им только попасть в эти безрадостные места. Но мы были не европейцы.

Несколько клерков сейчас же потянулись с приветствиями к Михалычу, и он заметно воспрянул духом. У него появилась возможность продемонстрировать себя, дать понять Наде, что он еще может сгодиться.

Михалыч демократично пожимал всем руки, похлопывал по плечу. Обмениваясь приветствиями, мы не спеша продвигались к столу, который занимал Степан Иванович.

Дмух был старый и тертый служака. И хоть должность имел небольшую — эксперт отдела, однако за два с лишним года общения с ним я четко уяснил: от этих экспертов, советников, инспекторов, сидевших буквально друг у друга на головах в тесных и душных комнатенках, зависело многое. Только они могли должным образом подготовить бумагу, подкрепить ее нужными визами и согласованиями и потом с надлежащими комментариями в подходящий момент подложить на подпись.

Ну а Дмух, оттрубивший в министерстве больше десятка лет, службу знал как никто другой. Каждый месяц он получал у Михалыча в пухлом конверте зарплату, но даже вида не подал сейчас, что заметил нас. Напротив, сразу же пододвинул к себе с уголка стола объемистую папку и углубился в изучение неотложных дел.

Мы подошли, поздоровались и встали с пониманием в почтительном, терпеливом молчании. Степан Иванович поднял на нас глаза, словно только сейчас увидал, и попросил присесть, подождать.

Когда с бумагами было покончено, он сдержанно сообщил, что наше дело движется заведенным порядком: описание технологии и результаты ее испытаний изучены, отношение к ним положительное, Виталий Сергеевич, начальник отдела, поставил уже свою визу и передал замминистра.

— Будем поддерживать! — торжественно изрек Степан Иванович. Губы его чуть дрогнули, изображая улыбку, и он нам даже слегка подмигнул, словно бы извиняясь за свою внешнюю суровость.

Официальная часть завершилась. Мы стали для вида прощаться. Смягчаясь все больше, Степан Иванович, как водится, вызвался нас проводить. Ведь даже последнему идиоту понятно, что настоящие дела не обсуждаются в присутствии стольких сторонних ушей.

В молчании мы прошли по коридору, через боковую дверь свернули на лестницу и, наконец, остановились на площадке между этажами.

В окне красовался, как в раме, до мелочей знакомый пейзаж: какие-то двухэтажные желтые длинные строения, баки для мусора, — бомжеватого вида мужик и две собаки вперегонки рылись возле них, — чахлые тополя, стайки машин по обе стороны никогда не пересыхавшей лужи...

У этого окна на пару с Дмухом я провел, помнится, не один час, покуривая за компанию, хотя сам давно уже не курил, обсуждая игру ЦСКА и «Динамо», слушая про подледный лов, и как коптить щуку в ведре, и как утеплять на даче пол... Потому что нельзя сразу переходить к делу. Прежде надо уважить человека, а потом расспрашивать.

Менялись министры, появлялись на свет божий новые отделы, зубастые и скоростные мальчики в скромных костюмах споровисто поедали старых проверенных служак. Но место у окна никогда не пустовало. И разговоры начинались тут все так же, «с подъездом». Люди, работавшие в министерстве, пуще жизни хранили традиции и блюли политес.

На этот раз Степан Иванович начал необычно, с истории многолетней давности. Тогда он служил во флоте, был заместителем командира подводной лодки. Они находились в водах Атлантики. Разгорался Карибский конфликт. Ждали только приказа, чтобы нанести по Америке ракетно-ядерный удар. Счет пошел, может быть, на минуты...

Тут Степан Иванович сделал паузу и стал подробно описывать, как они тщательно побрились, надели чистое белье, парадную форму. И грела одна только думка, что сейчас с их подачи начнется такая история... Все огребут свою долю сполна. А о близкой смерти даже мыслей не возникало.

— Понимаете, это ведь какой шанс — взять и с треском, который даже в Африке услышат, рвануть на груди рубаху!

Дмух замолчал. Воцарилась тишина.

— Ты это к чему? — спросил, наконец, Михалыч и поморщился, помахал у лица рукой, разгоняя табачный дым.

— А просто так. Решил наперед обрисовать свой характер. В этом ключе во мне мало что изменилось.

Я с интересом наблюдал за Дмухом. Несмотря на задиристый тон, у него прерывался голос, бегали глаза. Никогда не думал, что старый служака может так волноваться.

— Дела у нас предстоят серьезные. И я хочу, чтобы с вашей стороны не было подножек, — понизив голос, задышливо и вовсе уже не солидно зачастил Дмух. — Строго по договору. А то в случае чего ответные действия не заставят себя ждать. Будет плохо всем, поэтому доводить не стоит. Я...

— Да ты... Да вы что, сомневаетесь в нас, Степан Иванович? — перебил Дмуха, воспламенившись мгновенно, Михалыч. И сразу осадил себя: — Нет, какой головастый мужик... А?! — произнес восхищенно, отступая и разводя руками, словно бы впервые открыл Дмуха и призывал нас полюбоваться. — Благодаря таким вот мужичкам держава еще жива. Правильно! Тут нужны глаза да глазки.

Михалыч вел свою партию на загляденье. Ему не было равных сейчас. По ходу вносились поправки, учитывавшие чин, обстановку, суть дела. Кланяться Дмуху он не стал. Просто схватил за плечи и уставился не мигая с твердой неподкупностью в глаза.

— Да для меня одно то, что такой человек нам поверил... Это же не какой-нибудь поцелуй с разбега. Ну, Степан Иванович, давай пять!

Дмух протянул Михалычу руку, Михалыч сдавил ее, как станком. Дмух тоже решил показать, что не лыком шит, и заметно напрягся. На висках у него вздулись желваки. Они застыли нос к носу, точно бойцовые петухи, шумно сопя, что есть силы, до хруста сжимая костяшки и при этом уставившись прямо друг другу в глаза.

Их стояние продолжалось довольно долго. Наконец Дмух сдался. Михалыч явно его пережал.

— Ну и ладно, — неожиданно подобрел и уже без надрыва проговорил Дмух. — Я-то со своей стороны сделал все, технологию вашу оценили положительно. Других претендентов удалось отсечь. А их, чтоб вы знали, оказалось немало. Так что действуйте дальше. Запоров только не ставьте. А то я среагировать быстро не смогу.

Да, Михалыч в тот день показал в полной мере, на что способен. Он явно был в ударе. Наблюдая за ним, я опять, в сотый раз, убедился:

таким, как он, мне никогда не стать. Не та внешность, не тот склад, реакция не та.

Михалычу не стоило волноваться. Он всегда будет востребован русской жизнью в отличие от меня.

Даже Наде в тот день, против воли, пришлось признать его незаменимость. По крайней мере, на данном этапе.

После встречи с Канюхиным, на которой подтвердилось, что наш вопрос непременно рассмотрят на ближайшей коллегии и скорее всего с положительным решением, довольный Михалыч отбыл в свою контору. Ну а мне пришлось отправиться с Надей в бутик на Черкасской выбирать вечернее платье.

Я был расстроен и принижен. Выбор одежды, что ни говори, относится к мероприятиям почти семейно-интимным. А я пока меньше всего стремился входить в эту роль.

В бутике я с унылым видом тянулся вслед за Надей, которая прохаживалась среди вешалок с одеждой, то и дело цепляя щепоткой то одно, то другое платье, чтобы, не снимая, развернуть его веером для осмотра.

Моя терпеливая преданность была оценена по заслугам.

— Ведь это не китовый ус, потрогай, — ощупывая корсаж, проронила Надя доверительно, точно близкой подруге. — А пластиковые косточки грудь плохо держат. С моей им точно не справиться. Скажи?..

Я, естественно, соглашался, призывая на помощь все свои более чем скромные познания в области женской одежды и белья.

Вдруг у Нади вспыхнули глаза. Она сделала охотничью стойку и буквально выхватила с вешалки сильно декольтированное платье из бордового тюля.

Из примерочной она появилась не скоро. Асимметричные швы платья делали ее похожей на творения кубистов. Обнаженные почти до сосков груди шевелились, как поросята, готовые вот-вот с визгом вырваться из мешка. Двигалась Надя порывисто, резко. Вид имела взволнованно-смущенный.

— Ну как? — сдавленно произнесла она и, взявшись двумя пальцами за подол, быстро повернулась.

Платье от движения ожило, задышало. Под полупрозрачной тканью, словно в подводном царстве, окрашенном в бордовые тона, промелькнули туманные пышные формы, складочки, светлые полоски нижнего белья.

— Скажи, подол сзади фалдит? Только честно! По-моему, оно сидит слишком внатяг. А вечернее платье должно свободно облегать. Я не хочу выглядеть на приеме в британском посольстве отмороженной дурой.

Я видел: Надя сильно возбуждена. Скорее всего, совсем недавно она даже в мечтах не могла представить жизнь, которой теперь жила.

В машине, когда ехали в ресторан, решив отметить новую покупку, мы обсуждали, какие к платью пойдут туфли и перчатки. Надя непременно хотела приобрести еще и шляпу. Большую шелковую шляпу с бантом. По ее представлениям, именно шляпа превращала обычную женщину в светскую даму.

За ужином Надя взяла мою руку.

— У тебя такие тонкие пальцы, как у породистой женщины, — вдруг сказала она. — Мне так хорошо с тобой. Можно обсуждать любые вещи. Не то что с другими мужиками.

По стеклу (я сидел у окна) ползли, как слизняки, оставляя следы, большие блестящие капли. Я видел, как ветер тащил по лужам и грязи встопорщенных, мокрых прохожих. А передо мной на столе горела уютная лампа под бежевым абажуром, со стен смотрели фотографии, где дамы в длинных платьях с рюмочными талиями, возможно те самые, на которых хотела бы походить Надя, играли в крикет, качались в саду на качелях или просто сидели в плетеных креслах на лужайках под деревьями.

Мозельское вино, оставляя во рту привкус виноградной косточки, напоминало детство, прозрачные гроздья, вобравшие солнечный свет, которые мы с дедом, раздевшись до трусов, давили босыми ногами в деревянной лохани. И пахнущий осенью дымок костра, тянувшегося из сада, где жгли сухую ботву и листья, окутывал меня.

Потом мы с Надей танцевали. Она шумно дышала мне в ухо и, притиснув к груди, пробовала вести меня. Я нервничал, потому что Надя слишком усердно вертела бедрами и то и дело сбивалась с ритма, отдавливая мне ноги.

Танцы были моей слабостью. Если играла хорошая музыка, я забывал обо всем. Я слышал только мелодию, ритм, его тугую пульсацию, переходы, синкопы, которым стремилось следовать почти бессознательно тело. Я словно плыл в потоке музыки, отдаваясь на волю течения, и считал, что партнерша должна с чуткой покорностью следовать за мной.

Но Надя не желала подчиняться. У нас все время шла безмолвная борьба. Я чувствовал, что в боязливом стремлении ей во всем потакать, допустил серьезную промашку. Надя перехватила инициативу. И теперь даже в танце пыталась приноровить меня к своим движениям.

Когда, наконец, я поддался ей на мгновение, чтобы не испортить танец, она воскликнула с радостным воодушевлением:

— Вот видишь, как шикарно получилось! Ты молодец! Нет, я такого от тебя не ожидала!

Я и сам ничего подобного от себя не ожидал. Жизнь моя в очередной раз резко меняла направление. Ведь место Бальзаминова не могло пустовать бесконечно.

Все совершалось как-то непривычно в этот вечер: женщина платила за меня в ресторане, везла на машине на дачу, предлагала поплавать в бассейне перед сном, а потом, растерев, как малое дитя, махровым полотенцем, поила изо рта в рот шампанским. И даже любовью занималась со мной теперь, сидя верхом, принимая все труды на себя.

Она скакала на мне с распущенными волосами, уставив в окно, где застыла луна, невидящий взгляд прозрачных русалочьих глаз. А когда поворачивалась спиной, я видел, как по-мужски сокращались, клубясь испариной страсти, ее напряженно-бугристые, рубенсовские ягодицы.

Утром, лежа в постели и по-кошачьи жмурясь от света, проникавшего сквозь приподнятые жалюзи, Надя сказала:

— А знаешь, у меня уже три дня задержка. Я решила еще вчера порадовать тебя, но все как-то не получалось.

Покой и мечтательная расслабленность улетучились мгновенно. Нет, я прекрасно относился к Наде, но вовсе не хотел, чтобы смешались наши гены. Иначе эта история будет длиться и длиться и не закончится никогда.

Я напрягся и посчитал: первый раз мы с ней были близки пять дней назад. По срокам ничего не выходило. Значит, это не я.

Возможно, у Нади очередная дисфункция. У нее еще в пору романа с Михалычем такое не раз случалось.

Вслух промямлил:

— Не могу поверить. — Что было правдой.

Надя привстала с подушки для того, чтобы лучше видеть меня.

— Скажи честно, ты рад?

— Разве не ясно? Странно, что ты еще спрашиваешь. Но давай подождем заключения врача.

Ответ получился двусмысленный. Хотя Надя, видимо, истолковала его в свою пользу. Она сказала, что желает и нынешний вечер провести со мной.

Договорились: я двину сейчас в институт, потому что надо быть готовым в ближайшее время представить нашу технологию на оценку.

— А в четыре, — сказала Надя, — мы отправимся вместе в британское посольство.

Я спросил: как же это получится? Ведь списки приглашенных составлялись заранее. Да и неинтересно мне тащиться туда.

Но Надя стояла на своем, уверяя, что все уладит.

— А потом мы поедем в Большой, на балет «Щелкунчик».

Она явно хотела сразить меня напором светских развлечений. Сказала, что позвонит в институт в три, и я отбыл на ее машине.

Косоглазый Сережа, шофер, заметив мою беспросветную мрачность, пробовал развлекать меня, рассказывал анекдоты. Механически улыбаясь в ответ и кивая, будто китайский болванчик, я думал о Надином заявлении, о наших с ней отношениях и о том, что никакой технологии и в помине нет.

Странно устроена жизнь. Стоит лишь раз ступить не туда, как сейчас же одна случайность начинает цепляться за другую. И вот незаметно и быстро ты оказываешься опутан липкой паутиной, из которой не выбраться никогда.

В институте за время моего отсутствия ничего не изменилось. Сквозь грязные окна едва сочился свет пасмурного серенького утра. Высокая поджарая фигура Хусана маячила в рыжевато-буром, удушливом дыму. Да, этот безумный алхимик готов был день за днем упорно растворять свою жизнь в ретортах, колбах, покрытых плесенью вековых желаний, отчаяния, несбывшихся надежд.

Хотя порою я ловил себя на том, что начинаю вдруг болезненно завидовать Хусану, его способности воспринимать мир через призму элементарной таблицы. Возлюбленные его элементы были с рождения лишены неуправляемой стихийности. Они не совершали человеческих ошибок, вступая в отношения только с теми, с кем предназначено природой.

Все потому, считал Хусан, что элементарный мир не знает языка. Ему неведомы потоки лживых слов, способных только сбивать с толку. Наивно, по-детски Хусан верил, что когда-нибудь и люди, вооружившись парапсихологией, очистятся и станут общаться без помощи слов.

Его рассуждения выглядели старомодно. Но

Хусан не смущался. Иначе как туманом и отравой он слова не называл. И я не возражал ему, не спорил, хотя бы потому, что с самого детства был напрочь отравлен словами. «И Бог бе слово, и слово бе от Бога», — было главной моей аксиомой.

Хусан не сомневался, что слова могут влиять только на глупых женщин. Как настоящий восточный мужчина, он так и не смог до конца избавиться от легкого презрения к этим болтливым, неверно-коварным созданиям. Даже когда дело касалось тех немногих, к которым он испытывал интерес.

В ответ на мой вопрос, как идут дела, он только с отчаянной безутешностью взмахнул руками и цыкнул в сердцах. Жест, без слов означавший: «А! Чего спрашиваешь! Разве сам не видишь?» Он бросил красноречивый взгляд на Валю, говорившую по телефону.

— Ни на минуту нельзя отойти. Видишь, как пенится, злится материал? Думал, не уговорю и золото уйдет от нас в трубу. Я просил только дать ему хоть немного внимания, сосредоточиться, помолчать. Не получилось — то кофе с подругами, то сигареты, то телефон. У нас говорится: «Муравьи, ослы и женщины, если сойдутся, то их не расцепишь».

Валя успела услышать последнюю фразу, потому что как раз в эту минуту закончила разговор.

— Это невыносимо! Он ревнует меня ко всему на свете.

Начиналась знакомая перепалка. Она у них на самом деле и не прекращалась никогда. А значит, Хусан совершил обычную человеческую ошибку, вступив в отношения не с тем, с кем было предназначено природой. Хотя кто его знает?

— А я, между прочим, для него старалась, — жалобно проговорила Валя. — Звонила в пятую лабораторию, там у девочек перекись нашлась. Видели, что у него с лицом творится?

Только тут я заметил, что у Хусана сильно расцарапана щека.

— Говорит, что кошка...

— У кошек — женская душа, — с горечью проронил Хусан. — Они ласковы, пока чувствуют свою власть в доме. Но если кто-то захочет нарушить их чертов покой...

— Хорошенькая сказка, правда? — перебила его, вызывающе громко хихикая, Валя.

Хусан молчал.

Мое присутствие мешало продолжению выяснений. Я попытался переменить тему: рассказал о комиссии Комдрагмета, о том, что от ее заключения будет зависеть наша дальнейшая судьба.

Большого эффекта новость не произвела. За время работы с желтым металлом здесь побывали десятки комиссий. К их визитам привыкли и ничего нового уже для себя не ожидали.

— Но это же деньги! Приличные деньги, —

сказал я в последней попытке достучаться до Хусана. — Представь, что в руках у нас клад. Заступ уже ударился о крышку сундука. Осталось сделать последнее усилие. Ты же с детства мечтал... — Я сделал паузу. — Мы получим столько, что сможем купить свободу.

Я знал, что делал. Мне давно казалось, что втайне Хусан мечтает освободиться ото всех: от семьи, от Вали, от иссушающих материальных забот. Раз я застал его поздним вечером сидящим неподвижно у остывшего и пустого реактора. Моего присутствия он не заметил. Он как будто молился.

— Ты сможешь заняться наукой, чтением книг. — Я кивком указал на полку над столом у окна, где у Хусана стояли Кант и Шпенглер, Юнг, Ницше, Фромм, книги о йогах, магах, колдунах, которые должны были помочь разгадать тайну собственного предназначения.

И Хусан ожил, заговорил. Я слушал его и сникал. Чем дальше, тем все больше он разочаровывал меня. Он городил слишком сложные схемы. До меня начало доходить, что в деле с комиссией, наполовину состоящей из военных, наука, собственно, не очень-то и пригодится.

На всякий случай я спросил Хусана, а нельзя ли упростить его блестящие построения.

— Послушай, проще некуда! Ребенок разберет.

Стало ясно, что мы вряд ли поймем друг друга. Придется придумывать что-то принципиально иное. Какой-нибудь эффектный и беспроигрышный трюк. Но для этого, возможно, понадобится совершенно другой человек.

Я вышел в коридор. После тепла реактора и печки тут было холодно и неприютно. Из окон сквозило, каждый звук гулко отдавался среди стендов с пожелтевшими графиками и схемами. Институт умирал, теряя день ото дня людей. По вечерам пустынное здание напоминало темный вымороженный склеп. Только в комнатах арендаторов теплилась жизнь.

Из-под двери одной из комнат выскользнула черненькая мышка, шарахнулась от меня, заметалась из стороны в сторону, юркнула под батарею. И ее холод и голод погнали в путь.

Я услышал нечастые, шаркающие шаги. Показалось, что это хранитель бесприютного здания через силу идет навстречу. Повернув за угол, я увидел Кузьмича.

— Горло першит, мать его так! Прямо замучился с ним, занудился, — подал голос Кузьмич и аккуратно харкнул зеленой густой мокротой в цветочный горшок, стоявший на подоконнике. Заскорузлым пальцем он ковырнул в земле ямку и схоронил плевок. Кузьмич любил порядок. — Два баллона кислоты девчатам в сороковую комнату доставил. Угощайтесь, говорю, красавицы, сколько влезет, только не страдайте. Хотел подлатать им еще тягу, да что-то качает меня с утра.

Решил к Хусану заглянуть наперед, чайку выпить.

— Знаем мы ваш чаек. — Я усмехнулся, намекая на то, что Хусан в благодарность за помощь в наладке приборов всегда баловал старика стопариком водки, а то и чекушкой.

Кузьмич помрачнел и насупился, всем видом стремясь подчеркнуть неуместность игривых намеков.

— Едва ноги таскаю. Шутишь, всю ночь не спамши. Старуха моя, в душу ее мать, сегодня в полночь газ открыла. Можешь представить?

— Серьезно? Да брось ты, Кузьмич!

— Вот тебе и брось.

Кузьмич рассказывал странное: как ему в эту ночь привиделся сон. Будто жена в белой ночной рубахе встала неслышно с постели, прокралась в коридор, потом на кухню. Чей-то голос звал ее из темноты, и светящееся живое пятно скользило впереди по обоям, указывало путь. Лица ее он не видел. Только прозрачные, застывшие глаза. «Мы скоро придем», — шептала она.

— Проснулся я потому, что почуял запах, — продолжал Кузьмич. — Вонища уже по всей квартире растеклась. Прямо с души воротило. Я вскинулся с койки, бегом на кухню, закрутил горелки, окна распахнул, балконную дверь. А дура моя сидит, как пьяная, и только качается на стуле. Так и проторчал потом с ней до утра. Говорю: «Чего ты торопишься-то? Успеем еще туда». А она гляделки вылупила и в молчанку играет. Я грешным делом подумал: «А может, ведьмачит она? Снюхалась с темной силой?» Как считаешь, в больницу не пора ее сдать?

— В какую больницу?

— Да известно в какую, в психическую. — Тут Кузьмич несколько раз торопливо и глубоко затянулся и выругался трехэтажно. — Понимаешь, жалко. Загнется тама. А мы ведь, считай, всю жизнь вместе провели.

Я невольно взглянул на часы. Половина второго. Надя сказала, что позвонит в три. Времени почти не оставалось. А я не продвинулся вперед ни на шаг.

Кузьмич перехватил мой затосковавший и нетерпеливый взгляд и, чувствуя, что изрядно перегрузил начальство собственными бедами, покаянно засуетился.

— Может, с нами? Чайку? А, Дмитрий Лександрыч? Погреться? — Он сунул руки в карманы и стал доставать промасленные свертки. — Сырок есть, колбаска, сальце с чесноком, сам солил...

— Постой, Кузьмич, мне не до чая, — оборвал его я. — У меня к тебе дело.

Кузьмич без лишних слов опять рассовал свертки по карманам и застыл — весь внимание.

Я рассказал про комиссию, про задачу, которая перед нами стоит, и уже в самом конце ввернул про деньги.

Кузьмич без подсказки просек, что дело предстоит наваристое. Но при упоминании о деньгах все-таки поинтересовался: сколько придется на брата в случае успеха?

Я сказал и увидел, что названная сумма под корень сразила старика.

— Это мы сделаем! Ты не боись! — зачастил он, воровато озираясь.

У меня затеплилась надежда. Кузьмич, как никто другой, умел ее внушить.

— Я ихнюю психику хорошо знаю. Стольких начальников за свою жизнь возил, пальцев на руках не хватит.

До того как стать лаборантом, Кузьмич долгие годы шоферил. Еще с фронта. Сначала на «виллисе», потом на «Победе» и даже на «ЗИМе».

Я попробовал перебить старика, повернуть к сути дела. Но Кузьмич так возбудился, что остановить его было нельзя.

— Главное, чтобы не качнуло, не тряхнуло. Жопу чтобы не растрясли. Больше всего неожиданностей не любят — тормозов, резких поворотов...

И так далее, и тому подобное, без конца и без края. Наконец он запнулся, как будто опомнясь.

— На что смотреть-то приедет комиссия эта?

Я попытался ему объяснить. Кузьмич растерянно заморгал и потупился. Почуяв, что надежда затухает, я взял да и выпалил напрямую:

— Хотят увидеть агрегат. Чтобы с одной стороны загружали дерьмо, а с другой чтоб выскакивали золотые слитки.

— Ого! — только и выговорил Кузьмич и, театрально хмыкнув, почесал затылок. Энтузиазм его заметно поостыл. — Ишь умники какие!

Я горестно кивнул.

— Ладно, придумаем что-нибудь. Куда нам деваться. А они не обманут?

Ровно в три позвонила Надя и беззаботно прощебетала, что все в порядке, через пятнадцать минут она подъедет к проходной.

Под наивную девочку играла, хотя понятно, что организовать приглашение на прием в иностранное посольство за четыре часа нельзя. Значит, возможен был только один вариант — каким-то образом она заранее включила меня в списки. Но откуда она могла знать, что у нас закрутится такой бурный роман?

Я терялся в догадках. Нехорошее предчувствие крепло.

Однако стоило увидеть Надину машину, как я смягчился. Пустяк, а все-таки приятно, когда за тобой заезжает похожая на леденец «альфа-ромео» с хорошенькой женщиной внутри. Я открыл дверцу, увидел Надю, блеск серых глаз, тугие щеки с естественным румянцем от вечно переполнявшей ее деловой энергии. Пухлые, влажные, полураскрытые губы потянулись ко мне. Но интимностей не хотелось. Хватит. Я красноречиво скосил взгляд на шофера, давая понять, что мы все-таки не одни. И окаменел. Вместо косоглазого паренька за рулем сидел Бальзаминов.

Надя с хрипотцой волнения сказала: «Поехали». Мы тронулись с места. Я повернулся к ней, ожидая объяснений. Она гримасками дала понять, что ерунда, не надо обращать внимания, и всем телом опять потянулась ко мне. Но я холодно отстранился. Она, не скрывая досады, шепнула, что потом все объяснит. Но я твердо стоял на своем.

И тогда с раздраженным смешком она громко сказала:

— Пожалуйста. Он приперся в костюме, при галстуке, прямо жених, представляешь? А я уж, честно, и думать про него забыла. Мы ж с ним четко условились, чтоб исчез в двадцать четыре часа. — Она вела себя так, словно Бальзаминова при этом не существовало, словно за рулем сейчас находилась его тень, восковая фигура, бездушный фантом. — Я виноват, говорит, но не могу уехать не простившись. Что хочешь делай, только дай в последний раз сесть за руль, покатать тебя. Какой деятель! А ведь клялся, божился: сквозь землю, Наденька, провалюсь!

Бальзаминов не шелохнулся. Он сидел неподвижно, как деревянная чурка, выставив бритый затылок. Только уши слегка розовели.

Я мог представить, каково ему сейчас. И вдруг, будто молния блеснула, выхватив из черноты схоронившийся и притихший пейзаж: «А что если Бальзаминов успел сделать Наде ребенка? Поэтому она сладострастно мучает его и морочит меня».

«Да нет же, — возразил я сам себе, — ведь когда его месяц назад похитили и приковали в гараже к батарее, он от страха утратил потенцию». Надя сама мне об этом не раз говорила.

Однако я не понимал, для чего же тогда она его вновь пустила за руль. Хотя бы и на один только вечер. Чтобы мне лишний раз ткнуть в глаза? Возбудить запоздалую ревность? Или Бальзаминова посильнее унизить по его же собственной просьбе?

Свернули на набережную. На другом берегу из-за стен выглянули крыши дворцов, вспыхнули в расчистившемся небе азиатские горькие луковки кремлевских церквей.

Надя сказала: «Подъезжаем». Лицо ее порозовело от волнения, и я понял, что Бальзаминов для нее не более чем досадный эпизод.

Она сунула мне в руки приглашение. Я развернул и прочел: «Такому-то, члену правления российско-британского фонда «Возрождение». Чуть ниже: «Прием посвящен укреплению двусторонних культурных связей». И в центре, под гербом: «Посол Ее Британского Величества, имеет удовольствие просить разделить с ним компанию на приеме мистера...» Дальше шли моя фамилия, имя.

Я спросил, какое отношение Надя имеет к этому фонду.

— Вхожу в число учредителей. — Надя усмехнулась и по-девчоночьи задорно подмигнула мне. — Прочел? Посол Ее Британского Величества имеет удовольствие просить... Вот так-то. Цени. Теперь ты — фигура.

Больше времени на расспросы не оставалось, Бальзаминов затормозил у кованых ажурных ворот.

Когда мы миновали охрану, предъявив приглашения и паспорта, и я с некоторым усилием раскрыл перед Надей дубовую входную дверь, она имела вид человека, готового нырнуть в незнакомый холодный водоем: настороженно замерла на мгновение, вся сжалась и решительным шагом переступила порог. В гардеробной небрежным движением плеч сбросила мне, как швейцару, на руки пушистую накидку и пошла к зеркалу отделанного дубом готического вестибюля. Торопливо поправила прическу, провела рукой по бедрам, оглаживая себя, высокомерно приподняла брови. И тут же с тревожным видом оглянулась. Похоже, до смерти боялась показаться кому-нибудь смешной.

— Сейчас я заплачу. Знаешь, мечтала об этом всю жизнь, — прошептала она, беря меня под руку.

Мы стали подниматься по широкой лестнице туда, где наверху, у входа в залы, стояли посол с супругой, по традиции принимавшие гостей. Я понял — ничего не изменилось за прошедшие годы. Опять, как и на мраморной лестнице факультета в тот день, когда моя судьба круто переменила ход, я выполнял роль зеркала ее успеха.

Из залов слышалась тихая музыка. Вспыхивали винным светом витражи. И оживали охотники на чистокровных лошадях, трубили в рог под дубами туманным осенним утром. Плоды их трудов на серебряных блюдах с гербами — вепри, олени, фазаны — заполняли столы. Точеные пары плыли в менуэте. Рыцари, закованные в броню, под королевским штандартом ударами мечей о щиты приветствовали победительницу.

Двумя пальцами Надя приподнимала подол платья, стараясь не оступиться, что было бы, по ее понятиям, очень дурным знаком. Мне приходилось подстраиваться под ее шаг. Опустив глаза, я следил, как ступали бордовые туфельки сорокового размера — напряженно, но твердо. Рука Нади в перчатке дрожала.

Ступенька за ступенькой — от деревенской хибары под скрипучей осиной, где зимой с людьми жили куры и кролики в клетках, а покойный отец в выходные гонялся за матерью с тесаком, к рабочей общаге в подмосковной Балашихе; из заводской многотиражки — в университет, к замужеству, двадцатиметровой комнате в коммуналке, показавшейся сразу дворцом...

Обычный российский путь в смутное время: из курной избы к вершинам богатства и власти. Я чувствовал — путь этот казался тем, кто на него ступил, сном, наваждением, миражом. И оттого сильнее они жаждали получать от жизни подтверждения, что все случившееся с ними — правда.

Одно из подтверждений — посол и его жена — ожидало нас в конце лестницы. А за ними — Вестминстер, Биг-Бен, Букингемский дворец, королева.

Самого приема я почти не запомнил. Бродили по залам глубокомысленно, группками какие-то люди с бокалами, мигали красные огоньки телекамер. Два депутата с лицами рыночных торговцев давали интервью. Мелькнул известный телеведущий в галстуке, сбившемся набок, с охотничьим блеском глаз. Модный диск-жокей в кроссовках и бейсболке, повернутой козырьком назад, приплясывая, проследовал к бару. Видно, музыка пропитала все его поры насквозь.

Но когда понесли на один из фуршетных столов осетра, как сказала мне Надя, специально для этого случая выписанного из Астрахани фондом «Возрождение», большинство приглашенных мигом прервали свои занятия и устремились к подносу. С испуганным квохтаньем прыснули в стороны похожие на кур-пеструшек англичанки. Вскрикнула сплюснутая официантка, едва не обрушился на пол вместе со стулом оказавшийся на пути скрипач. Английские джентльмены в строгих официальных костюмах, не теряя присутствия духа, пропускали к подносу гостей с ироничной улыбкой и легким полупоклоном.

Когда блюдо достигло стола, на нем сиротливо

ютился лишь жалкий скелет, стыдясь своей непристойной наготы.

Только Надя среди всей этой суеты ни с кем, кроме меня, не общалась и никуда не стремилась. И выглядела при этом обезоруживающе счастливой. Будто потайная свечечка зажглась в глубине лица. Надя была отрешена, очищена от сора повседневной жизни. Движения стали легки, изящны. Она притягивала взгляд.

Я давно втайне предчувствовал, что только она одна способна приоткрыть дверь и впустить меня в мир, где исполняются желания. Подобрав платье, Надежда опустилась в бархатное кресло у окна, подперла рукой подбородок. Торжествующий профиль ее проступил на предсумеречном стекле. Парадные портреты, старинная золоченая мебель, отражаясь в зеркально блестевшем паркете, обрели вдруг доступность вполне повседневных вещей.

Я поднес ей высокий стакан с коктейлем, о стенки которого при каждом движении сухо и ломко постукивали кубики льда.

Надя сказала:

— Выпьем за нашу новую жизнь.

За окном, сдавленная гранитом, лежала река, кремлевские стены, все тот же, что и века назад, фальшивый азиатский блеск, окруженный глухой нищетой и страданием. Я кивнул, соглашаясь, и выпил.

Мне было до Нади далеко. Как безымянная придорожная травка, она прорастала на любой почве, лишь только удавалось ухватить немного влаги и тепла. Она не подчинялась никаким законам, только требованиям минуты.

Пригубив из стакана, она встала и плавной походкой двинулась по залу, ловко скользя между людьми, точно ходила в вечерних платьях по наборному паркету всю жизнь. Я не верил глазам — Надя подошла к послу и заговорила с ним. Я видел, что она в ударе. Посол слушал ее и кивал. Она сумела настолько заинтересовать его, что он знаком предложил ей следовать за ним. Они выбрались из толпы, прошли в его кабинет и, не закрывая дверь, церемонно присели друг против друга на краешек дивана.

Беседа их продолжалась минут пятнадцать.

— О чем вы говорили? — спросил я потрясенно, когда Надя вернулась ко мне.

— Обо всем. О жизни, — просто сказала она.

Происходившие с ней превращения напоминали рождественскую сказку. Тут, видно, и природа решила ей подыграть. Снег начал падать за окном в свете фонарей, чьи отражения расплывались в черных промоинах дышавшей паром реки.

Когда мы вышли из посольства, все вокруг фосфорически светилось, припорошенное белым: асфальт, газоны и кусты, стволы и ветви пропитанных влагой деревьев. На волосах и на пушистой накидке у Нади лежали и таяли крупные снежинки, до удивления похожие на те, что вырезают из бумаги и вешают в школах и в детских садах на исходе декабря. А я-то всю жизнь считал, что таких в природе не бывает.

Бальзаминов, завидев нас, выскочил из машины и с расторопностью хорошо вышколенного служаки распахнул перед Надей дверцу. Ни я, ни Надя, садясь в машину, не обратили на него внимания. Надя, скорее всего, вновь и вновь переживала свой разговор с послом. Об этом можно было догадаться по тому, как она в полутьме салона несколько раз сжимала мою руку, повторяя: «Представляешь?!»

Я отвечал неопределенно-тягучим: «Да-а-а...» Иногда прибавлял: «Невероятно». Хотя думал совсем о другом.

Я думал о знаках, которые подает судьба, когда-то столкнувшая нас с Надей. О возможном ребенке, о том, что мы едем в театр моего детства, в котором я не бывал ни разу после смерти отца, на «Щелкунчик» — балет, очень точно выражавший мое теперешнее состояние. Как будто судьба, выбрав Надю своим инструментом, заранее все рассчитала.

Мне захотелось вдруг вспомнить, с чего для меня начинался Большой: с рассказов отца, как в студенческие годы он простаивал в очередях ночами, а потом, выложив у окошка кассы почти всю стипендию, садился на хлеб и воду? С поиска лишнего билета? Или раньше еще, со сборов, когда мама в блестящем и длинном, не застегнутом на спине платье силой натягивала на меня костюм (в свитере в Большой идти было нельзя); а отец, полируя в прихожей ботинки, в белой рубахе, в галстуке и в трусах напевал в предвкушении мелодии из того спектакля, на который мы собирались идти.

А может, Большой начинался с буфета: блинов с икрой, лимонада, бутербродов, вызывавших потом, посреди спектакля, неприлично громкое бурчание в животе?

Нет, настоящий театр начинался тогда, когда я видел позолоту и бархат лож, истлевавшую на глазах хрустальную люстру, вокруг которой парили прекрасные музы в воздушных одеждах; нестройное бормотание инструментов из оркестровой ямы стихало, слышались только шепот, шуршание конфетных бумажек, шелест программок, которые служили дамам веерами в сгущающейся темноте. Черным шершнем взлетал в освещенный у пульта круг дирижер, и вслед за вежливыми аплодисментами раздавался первый аккорд увертюры, заставлявший забыть обо всем.

Видимо, из-за силы прежних впечатлений нынешнее возвращение в Большой несколько разочаровало меня. Показалось, что театр стал меньше, коридоры, люстры, зеркала и даже мраморные лестницы, на ступеньках которых я когда-то без устали изображал па из «Корсара», утратили былой блеск и величие.

Я увидел какого-то типа в ложе бенуара, который воровато колупнул ногтем, потом лизнул или попробовал на зуб позолоту на витом столбике у края ложи и, разочарованно сплюнув, вышел в фойе.

Наконец мы пробрались на наши места. Стал гаснуть свет, зазвучала музыка, знакомая и любимая до последнего такта, вздрогнув, ожил и пополз в стороны тяжелый расшитый занавес.

Открылась улочка с остроконечными башенками, в окнах домов под черепичными крышами затеплились огоньки, пошел снег, перенося меня невольно в то время, когда елка стояла у окна, а под ней желтел столик с подарками. Я просыпался среди ночи, лежал и смотрел на волшебные свертки, пакеты, осыпанные хвоей, гадал, что ждет меня, и, кажется, слышал уже эту музыку, не решаясь подняться и подойти.

И может быть, грезилась мне длинноногая девочка, ступавшая с грацией косули, в одно касание, словно по скользким камням через горный бурлящий поток, легко, играючи, вертясь на одной ножке, срываясь в низкий стелящийся прыжок — туда, куда вела ее музыка.

Морозная темень вползала в окно, тени на стенах и потолке оживали, принимали зловещие очертания. И только эта девочка, только она одна способна была победить злой умысел ночи и те кошмары, которые рождала темнота.

Тут я почувствовал теплые пальцы у себя на запястье. Девочка взяла меня за руку и повела, вполголоса возмущаясь топоту и пыли, которые поднимал кордебалет. А я-то, признаться, ничего не замечал, растеряв за прошедшие годы все прежние навыки. И даже досадно торчавшая впереди голова с пышной прической и массивными серьгами не могла мне помешать.

Когда на обратном пути из театра на дачу мы свернули с окружной, лес приступил сразу с обеих сторон к дороге плотной черной стеной. Дорога резко сузилась и погрузилась в темноту. Только свет фар разлитыми желтками тянулся впереди. Постепенно глаза пообвыкли и стали выделять в сплошной черноте светлые пятна и полосы снега. Они мелькали островками. Лес плавал в дымной сырости, затопленный, колдовской. Фонарные столбы стояли друг от друга далеко и светили, точно бакены в тумане.

Я попросил Бальзаминова остановиться, стал вылезать и Надю потянул за собой.

— Я-то зачем? — спросила она, решив, видно, что меня по нужде прихватило. Однако я продолжал тянуть настойчиво:

— Идем!

Помедлив в недоумении, она наконец поддалась, выскользнула из двери и, приблизив лицо, напряженно спросила:

— Ну, что случилось?

Я не ответил.

В лесу, как всегда в оттепель, что-то шуршало, потрескивало, шелестело. Видно, там, в темноте, падал с деревьев застывшими глыбами снег, с чуть слышными вздохами распрямлялись ветки, острое солоноватое дыхание щекотало ноздри, хотя до весны было еще далеко.

Запах дыма из ближней деревни напоминал о том, как уютно в такие вечера, намахавшись во дворе топором и лопатой, сидеть у печки или камина с книгой. И я почувствовал вдруг такую зависть к своим прежним дням, так захотелось поверить, что вместе с Грековым навсегда выпали из моей жизни балашихинские братки и скоро выпадут следом за ними Михалыч, Дмух, Канюхин, что даже сердце заныло.

— Отпустить бы машину и пройтись, — сказал я.

— Тут далеко, а я в легких туфлях. В мересьевы я не гожусь.

Мы засмеялись. Я чмокнул Надю в душисто-прохладную щеку.

— Нет, не так. Ты чего сачкуешь? — прошептала она, подставляя губы.

Мы сели в машину, целуясь.

Бальзаминов резко рванул с места. С остервенелым визгом прокрутились задние колеса. В салоне запахло паленой резиной. Я хотел сказать, чтобы он не лихачил на узкой, обледенелой дороге. А то чуть не ямщиком себя вообразил. Жал на всю катушку, только что не гикал: «Эй, залетные!»

Но было и что-то захватывающее в такой езде. Я даже подумал, что он умыкает нас с Надей: комья снега летят из-под копыт, ударяясь в передок саней, шуршат полозья, встречный воздух обжигает лицо...

От наших взаимных ласк, от восторга движения я и не заметил, когда машину стало заносить. Я даже не почувствовал опасности. Краем глаза увидел, как вынырнули в свете фар придорожные березы, фонарный столб. Машину сильно закрутило. Потом раздался удар, отвратительный скрежет железа.

Чем-то плотным, большим, упругим меня со всего маху садануло по голове и бросило на соседку. В глазах потемнело; россыпь мелких искр прожгла темноту. Пронзительно закричала Надя.

Первое, что я уловил, придя в себя, была тишина. Мотор не работал. Странный мигающий свет проникал в салон. Рядом с собой я увидел Надю. Колеблющийся призрак — вот что от нее осталось. Лицо вытягивалось, дрожало, расплывалось за мутным, пленчатым экраном. Я поморгал, пытаясь прочистить глаза. Лицо стало нехотя наполняться жизнью. Надя ощупывала нос, губы, подбородок. Руки ее оказались в крови. С пальцев капало на пол. Я порылся в кармане, нашел носовой платок и сунул ей. Она взяла, зажала платком нос и откинула голову на сиденье. Мы не сказали друг другу ни слова.

Сознание потихоньку возвращалось ко мне. Я чувствовал себя вывернутым наизнанку. Внутри все заполняла тяжелая тошнотворная пустота.

Однако я остался жив. Приходилось, поборов оцепенение, что-то делать, действовать. Я решил, что надо выбираться из машины. Нащупал справа от себя дверную ручку, нажал и попробовал открыть. Дверь не поддавалась. Тогда я навалился плечом. Резкая боль заставила застонать, но я не сдавался. Наконец, дверь пошла со скрипом, и я, не удержавшись, вывалился в придорожный сугроб.

Запах остывшей бани ударил в ноздри. Я посидел, зачерпнул пригоршню мокрого снега, протер лицо, пересохшие губы. Остатки сунул в рот и стал сосать. Снег был нечист, на зубах скрипело, но все равно действовало отрезвляюще.

Машина стояла скособочившись у фонарного столба. Видно, сначала мы сильно приложились передком, потом дверью, с той стороны, где сидела Надя. К счастью, столб не сломался, фонарь не потух. Только мигал и шипел угрожающе.

— Гнида! Кастрат, петух! — донесся из глубины машины Надин надрывный, кликушеский крик. — Я знаю — он специально... Он хотел меня убить! Меня и моего ребенка!

Оттолкнувшись руками от снега, я привстал на колени, потом поднялся. Подташнивало, голова кружилась. Я шагнул к машине, просунул голову в салон:

— Где твой мобильник?

Надя не двигалась, не отвечала, окутанная тенью. Я схватил ее за локоть и встряхнул. Тогда она зашевелилась, всхлипывая, матерясь, стала шарить по полу, по сиденью в поисках портфеля, где лежал телефон. Я ей помогал.

Вскоре в тесной щели под передним сиденьем мои пальцы наткнулись на узкий ремешок.

— Я ничего не соображаю, — сказала Надя, — один гадский гудеж в голове.

— Тебе надо на воздух. Давай...

Растрепанная, с красным раздувшимся носом, в подтеках запекшейся крови, как будто вынырнула вдруг из гущи коммунальной свары... Меховая накидка и вечернее платье сидели на ней как на корове седло.

Я понимал, что и у меня вид не лучше, но ничего не мог с собой поделать. И вот что странно: я не чувствовал жалости к ней. Ругань, кровь, бензиновая вонь, искореженное железо смрадной кучей завалили все чувства.

Смотреть, как она стоит с телефоном, покачиваясь, набирает номер дачи, было выше моих сил. Я решил, что пришла пора заняться Бальзаминовым. Он что-то совсем не подавал признаков жизни. На нетвердых ногах я опять потащился к машине.

Передняя дверь открылась без особого труда. Значит, обошлось без серьезных смещений. Бальзаминов сидел, уткнувшись лицом в руль. Я дотронулся до него и попробовал пошевелить. Он не отозвался, тогда я ухватил его за волосы и рывком запрокинул лицо. У него подломилась шея, вырос острый, синюшный и совсем неподвижный кадык. Лицо с закрытыми глазами отливало мучнистой белизной.

Я торопливо стащил с руки перчатку, приставил ладонь вплотную к его губам. Едва уловимое тепло жизни, как у спящих младенцев, щекотало кожу. Но вытащить его из машины я не мог. Тело налилось свинцовой тяжестью: так всегда случается при потере сознания. Даже самых легких и маленьких становится трудно не то что поднять — пошевелить.

Без посторонней помощи тут было не обойтись. Надя все еще разговаривала по телефону. Наверное, объясняла, где нас отыскать, или расписывала во всех красках аварию. Я позвал ее.

— Брось! Мне по херу! — донеслось в ответ. — Пусть подыхает. Для него это лучший вариант.

Единственное, что я смог сделать самостоятельно, это чуть отодвинуть Бальзаминова от рулевой колонки и уложить вдоль сиденья, подсунув под голову свою шапку.

— Что ты возишься с ним? Я же сказала — брось! — подстегнул меня Надин голос.

Когда я подошел к ней, вместо ругани, изливавшейся с перерывами вот уже четверть часа, вдруг услышал:

— Все ясно. Я тут мерзну, а тебе наплевать. — С неожиданной цепкой силой Надя схватила меня за плечи, притиснула, заглянула в глаза. — Представляешь, так грустно. — Эти мгновенные переходы у женщин всегда потрясали меня. — Первый раз подвела интуиция... А ты... Скажи, ты что-то чувствовал, когда предлагал отпустить машину?

Минут через десять—пятнадцать за поворотом

дороги послышался шум моторов. Свет фар ослепил меня. И только когда машины встали на обочине, я разглядел джип и старенькую «вольвушку», ту самую, которую хотела подарить Бальзаминову на прощание Надя.

Охранники высыпали из машин, почтительно осведомились, все ли с нами в порядке, и, сгрудившись, как экскурсанты, стали разглядывать, трогать руками разбитую «альфа-ромео», шевелить Бальзаминова, все так же лежавшего на переднем сиденье, переглядываться, качать головами, цокать языками. До тех пор, пока Надя на них не прикрикнула, чтобы занимались делом.

Мы с ней сели в джип, за рулем которого обосновался Дубовенко; косоглазый паренек-шофер в сопровождении двух охранников погрузил Бальзаминова в «вольвушку» и погнал в больницу. Еще один охранник, — кажется, его звали Сергей, — остался рядом с разбитой машиной дожидаться приезда ГАИ. Дубовенко обещал потом за ним вернуться.

Через неделю я ехал, стоя в набитом троллейбусе, из института домой. Дородная женщина в кожаном пальто с хозяйственной сумкой на коленях читала «Московский комсомолец». Вот тут и бросилось в глаза короткое сообщение в разделе «Срочно в номер»: «...в трехместную палату хирургического отделения, где лежал Михаил Корин, шофер двадцати шести лет, поступивший с переломом...» Троллейбус трясло, текст прыгал, мужской затылок и плечо мешали читать. Я попробовал переменить положение. «Поосторожнее! Разбрасывают грабли...» — заворчали на меня.

Я вышел на две остановки раньше, у перекрестка, где был газетный киоск, купил «МК» и на ходу, не отрываясь, прочел все по порядку.

«Киллер-эксцентрик» — называлась заметка.

«Как нам сообщили в районном отделении ГУВД, эксцентричное убийство произошло в среду вечером в больнице № 44. Примерно в двадцать один тридцать в трехместную палату хирургического отделения, где лежал Михаил Корин, шофер двадцати шести лет, поступивший с переломом правой голени и тяжелым сотрясением мозга, полученными в результате аварии, вошел дежурный врач. Марлевая повязка закрывала его лицо. Повязка больных не смутила, так как в больнице в связи с эпидемией гриппа был объявлен карантин. Врач нес перед собой поднос, накрытый салфеткой. Он объявил, чтобы больные приготовились к уколам. Один из больных удивился отсутствию сестры, но врач оборвал его и заявил, что в этот раз уколы будет делать сам. Больше вопросов не последовало. Больные, за исключением Корина, который без посторонней помощи не мог двигаться, повернулись на животы и спустили штаны. Врач подошел к Корину и помог ему принять надлежащее положение. После этого он вставил Корину в задний проход взрывное устройство, эквивалентное пяти граммам тротила, и вышел из палаты. Когда Корин поинтересовался, не перепутал ли доктор процедуру, раздался взрыв. Михаил Корин скончался на месте. Ведется следствие. Оставшиеся в живых больные пребывают в состоянии сильного нервного потрясения».

Я прочитал этот коротенький текст, шагая к дому по аллее вдоль проспекта. Звучало как хохма. Если бы не знакомая фамилия и известные обстоятельства, я, может быть, даже развеселился бы и постарался запомнить детали, чтобы рассказать потом где-нибудь в компании.

Я перечел заметку еще раз. Сомнений в том, что это написано о Бальзаминове, не оставалось. И смеяться совсем не хотелось.

Так, значит, Надя не шутила, когда кричала мне: «Брось его! Пусть подыхает! Для него это лучший вариант». Нелепая смерть завершила нелепую жизнь, сполна оправдав прилипшее теперь уже навечно прозвище. Рисунок судьбы окончательно проявился.

Но странно — моя ладонь еще хранила теплый след его дыхания. И невозможно было до конца поверить, как случается, когда узнаешь, что не стало близкого человека.

«А ведь мы и правда близки. Почти близнецы-братья». И тут я впервые всерьез ужаснулся.

В прихожей, снимая ботинки, я взглянул в зеркало. На меня смотрел усталый, сухощавый, длинноносый человек с упрямо сжатыми, бескровно-тонкими губами. Контуры родового проросшего семени бросились в глаза — фамильный нос, губы, взгляд. Облик, запрограммированный на продолжение. Учителем был мой дед без усов. До конца жизни преподавал отец. И я прошагал по этой лестнице много ступеней — студент, аспирант, кандидат, доцент, критик, хрен в ступе...

Теперь я никто. От меня, того, прежнего, почти ничего не осталось. Что сказать в оправдание?

Я смотрел на свое отражение снизу вверх, как когда-то смотрел на отца. Казалось, это не я, а он только что вошел в дверь, возвратившись домой после лекций. Во взгляде, который был направлен на меня, явно сквозило неодобрение. Как однажды, когда на школьном вечере я должен был читать со сцены Блока, но от смущения напился и был удален из зала. Неодобрение — это даже мягко сказано. Отец схватил лыжную палку и, несмотря на сопротивление, пребольно отходил меня. Бил и плакал, как маленький, ширкая локтем глаза. Теперь бы, наверное, кричал: «Мой сын — Бальзаминов! Мерзавец!» Неужели для этого ткалась судьба?

В тот вечер я впервые за последние пару недель не позвонил Наде. Разговаривать с ней не хотелось. Вместо этого до полуночи в коридоре, у книжных полок, разбирал старые сборники, книги, журналы. Большинство из них было теперь бесполезно и стояло ненужным укором.

От статей, когда-то поражавших неожиданностью и остротой мысли, внятно тянуло затхлостью подвала. Трудно было понять, что в них вообще могло привлекать. В книгах на сотни страниц едва наскребались одна-две дельных идейки. Вот и все, что осталось от тех давних полемик, инфарктов, инсультов, интриг.

Я помнил их авторов, друзей отца — рыбаков, грибников, бабников и образцовых семьянинов, гурманов, аскетов, краснобаев, — галерников письменного стола, считавших, что они служат искусству.

Лица их вставали передо мной, когда я сваливал пыльные томики в сумку и, пользуясь темнотой, таскал книги на улицу в мусорный бак.

— Облегчаетесь? — в один из рейдов услышал я за спиной. Посреди дорожки стоял какой-то человек в очках и старомодном поношенном пальто. — Вот и мне дети говорят: надо твою библиотеку на выброс. А я не могу. — Он развел руками и с какой-то нелепой веселостью вдруг ухмыльнулся. — Нельзя же при жизни своими руками отправить себя на помойку.

Возвратившись домой, я вдруг понял, что нет больше сил продолжать палаческую работу. Навалилась какая-то пустота, тоска. «Никому ничего не нужно. Так не все ли равно, на что ушла жизнь?» — твердил я про себя.

Надя не объявилась ни на другой день, ни на третий. Я дал себе слово первым не звонить. Хотя, если честно, ее молчание пугало. Я даже, чем черт не шутит, придумал себе оправдание — мол, совсем зашился, готовясь к визиту комиссии Комдрагмета, а вот ты почему не звонишь — непонятно.

Я не очень грешил против истины. Визит комиссии в институт и наша технология, вернее, плавильный агрегат, который придумали соорудить Кузьмич с Хусаном, стали с недавних пор моим кошмаром.

На этаже, где мы обосновались, кипела работа. С грохотом проносились самодельные тележки, на которых в комнату Хусана подвозили для сварщиков кислородные баллоны, стальные листы, кирпич для футировки. Рысцой пробегали друзья-приятели Кузьмича из отдела снабжения, из механической мастерской, все эти вечные, незаменимые Тимофеичи, Степаныычи, Сергеичи, низкорослые, коренастые, скользкие бестии в синих халатах, в фуфайках, с сосредоточенным видом вызванных на консилиум врачей.

В моем кабинете бесшумно, точно из-под земли, возникал Кузьмич. Он присаживался к столу, с отчаянием многодетного нищего родственника зажимал руки между колен и смиренно ждал.

— Но ты же вчера получил полтора миллиона! — теряя терпение, выкрикивал я. — Где они?

— Премного вами благодарен! Я лучше свои все отдам, до копейки, чем ваши подозрения... Просто хочу доложить — работа встанет, не поспеем к сроку. По пустякам я бы не стал волновать...

Он мог сидеть немым укором полчаса, час, целые сутки. «А потому, что сталь нужна пятимиллиметровая, а троечка не выдержит ни в жисть. И гнуть на станке, иначе пустой номер...» — неслось стройным аккомпанементом из коридора в приоткрытую для этих целей дверь. Отвязаться было нельзя. Обреченно я подходил к сейфу и доставал нужную сумму.

Да бог с ними, с деньгами! Другое терзало. Я до сих пор в глаза не видел этот хваленый агрегат. Чертежи, принцип действия — все окутывал мрак. Хусан с Кузьмичем меня не посвящали. Один на все вопросы только отводил взгляд и подозрительно хмыкал. Другой твердил раз по сто на день: «Дмитрий Лексаныч, успех гарантирован. Точно могу сказать».

Признаться, от таких гарантий мне не становилось легче. А что сделаешь? Я знал — мои воля и разум бессильны. Движение навстречу комиссии началось под влиянием восточного ветра. Поэтому, следуя мысли Толстого, я старался по мере сил способствовать ему.

Так все и тянулось до тех пор, пока за пять дней до приезда комиссии не произошло событие, заслонившее для меня остальную жизнь. В половине второго, когда открывали столовку, я вышел из кабинета в коридор, чтобы спуститься на первый этаж. Столовка хоть и дышала на ладан, но второе можно было выбрать вполне съедобное — вареное мясо, например, а на десерт — пирожки и кофе.

И вот я шел по коридору, рассеянно скользя взглядом по окнам, выходившим на институтский двор. Голубь сидел на заляпанной птичьим пометом голове основателя института, в меру сил оживляя пейзаж. Гранитный поясной бюст, отдававший погостом, располагался на постаменте в самом центре двора, прямо напротив ворот. Раньше, в теплые месяцы, по словам старожилов, его окружали клумбы анютиных глазок и петуний. Теперь, как на могилке, когда все наследники сгинули, из-под снега пробивался сухой, порыжевший бурьян.

К воротам подкатила фура с прицепом, судя по надписи на борту, из Амстердама и коротко просигналила.

Дирекция сдавала часть первого этажа и подвалы под склады каким-то перуанцам. Низкорослые, черноголовые, с птичьими горбоносо-индейскими лицами, они походили на воронье, принося с собой заунывный шум ветра, видения исчезнувших цивилизаций — развалин, между камней которых проросла трава.

Когда у ворот института толпились фуры со всего света, у меня просыпалась неистребимая жажда дороги: «Уехать, вырваться с этих развалин, все равно куда».

Но вдруг мой взгляд застыл, я замер и даже

мгновенно прилип носом к окну, запотевшему сразу от дыхания. На маленькой дорожке, под деревьями, в стороне от ворот стоял, поблескивая крыльями, старый знакомец черный «опель».

Я смотрел в окно и, кажется, скользил вниз с кручи, когда нога внезапно не находит привычной выемки, пальцы, не выдержав напряжения, с постыдной дрожью начинают разжиматься... Я вроде даже вскрикнул. И сразу же, очнувшись, оглянулся.

В коридоре, к счастью, не было никого. Я еще раз удостоверился — черный «опель» стоял на том же месте. И тогда стало ясно — я не могу с этим жить.

Не думая о последствиях, подчиняясь отчаянному порыву, я бросился сломя голову по лестнице вниз. Как был, без пальто и шапки, вылетел во двор, спугнув голубя с невозмутимого бюста, добежал до проходной, проскочил турникет и очутился на улице.

С мягким шуршанием летели по проспекту машины, оплетенные грязно-серой кисеей мороси и мелких брызг. Старуха в валенках тащила по аллее на веревке белую козу, которая мотала головой и упиралась, позвякивая колокольчиком.

Картина не вызывала удивления, вполне отвечая тому состоянию, в котором я находился. И только одного я совершенно не мог понять — «опель» как будто сквозь землю провалился.

Но ведь он же не померещился мне. С чего бы? Я о нем давно и думать позабыл. И тут он всплывает вновь, такой, что реальнее не бывает. Показался и скрылся... Кому показался? Зачем?

Я метнулся в одну сторону, в другую. Я бы, наверное, бегал по прилегающим улицам бесконечно, не думая об опасности, горя желанием без промедления, раз и навсегда все решить. Но ощущение, что начинаю замерзать, остановило меня. Я повернул назад.

За прошедшие двадцать минут все во мне переменилось. Теперь самый невинный скрип двери, шаги, приближавшиеся голоса заставляли немедленно напрягаться. Я не выдержал и позвонил Наде. С первых же слов меня насторожил ее тон, холодный, отчужденный. Она слушала меня подчеркнуто невозмутимо минуты две, потом перебила: «Ты знаешь, мне сейчас некогда. Когда освобожусь, я сама тебе перезвоню».

Я ждал около часа, не отходя от телефона. Звонка не было. Я попробовал набрать ее номер снова. После паузы женский голос сказал: «Абонент не отвечает или временно недоступен. Попробуйте позвонить позднее».

Я не знал, что и думать. Неужели ее не волнует совсем, что черный «опель» опять объявился? Накануне визита комиссии. Или она считает, что я просто перенапрягся и стал жертвой галлюцинаций? А может, она обиделась за мое молчание и решила оставить меня с опасностью один на один? Но тут ведь не только моя судьба поставлена на карту... Бабские капризы не должны брать над разумом верх.

Вместо Нади в половине седьмого мне позвонил Михалыч. Что это могло означать? Разрыв? Да с какой стати?

Михалыч сказал: «Надо встретиться. Непременно сегодня. Если не против, я подошлю машину».

Около семи из проходной сообщили, что меня ждет шофер от Виктора Михайловича, машина — бежевая «Волга». Сюрприз следовал за сюрпризом. Я точно знал: у Михалыча не водились не только бежевые, но вообще никакие «Волги». Он считал детище Горьковского автозавода просто дурно слаженным гробешником на колесах, жрущим уйму бензина. Даже ностальгическая память о тех временах, когда он ездил на черной «Волге», в этом случае не имела значения.

Перед тем как сесть в машину, я огляделся по сторонам, но ничего подозрительного не заметил. Неужели и вправду я так перенапрягся, что меня осадили видения? Да нет, я не мог ошибиться. А что, если кто-то просто жестоко играет со мной?

Вот и Михалыч, похоже, решил подключиться к игре. Начал с загадки, кроссворда. Я попробовал расспросить шофера, откуда он, чья машина. Но аккуратно постриженный, с проседью, дядька оказался редкостным молчуном. Он даже не сказал, куда мы едем. Мне показалось — вроде в сторону Варшавки. Но с полной уверенностью трудно было определить. Во-первых, вечер, тени выползали из-под деревьев, из-под стен домов, из арок и подворотен; очертания окрестностей смазывал вылинявший свет витрин, киосков, мельтешили фонари, опрокинувшись вместе с домами в маслянисто блестевшие лужи. Все норовило сбить с толку.

К тому же дядька то и дело сворачивал с широких освещенных улиц и начинал петлять по глухим закоулкам, дворам. Шарахались из-под колес бездомные собаки и прохожие, тянулись бесконечные бетонные заборы, скопища гаражей-ракушек, серые блочные дома. На горизонте дымили какие-то трубы.

Вдруг машина взлетела на мост, и я увидел внизу окружную. И снова пошли косяками блочные многоэтажки, среди которых мурашами сновали черные фигурки людей. Дорога достигла леса.

Замелькали строем разноцветные коттеджи-близнецы. Один из коттеджей стоял в стороне, выделяясь формой и размерами. К нему мы и свернули.

Машину тут хорошо знали — ворота сразу раскрылись. Открытым оказался и расположенный под домом гараж. Мы с ходу вкатили туда.

Шофер заглушил мотор и, выбравшись из машины, указал на дверь лифта.

Узкая кабинка подняла нас наверх. Мы очутились в большом зале, в самом центре которого, шипя и пенясь, бил фонтан. Свет от настенных светильников сочился приглушенный, расслабляющий, интимный. На некотором расстоянии от фонтана, чтобы не долетали брызги, прогуливались, сидели за столиками и даже возлежали на массажных лежаках какие-то незнакомые типы. Одни были в костюмах, другие сняли пиджаки. Иные и совсем освободились от одежды, закутавшись в белые простыни, как посетители Центральных бань. Их при желании можно было принять за массовку из фильма о Римской империи. Патриции на пиру. Или восточные беи. Сходство усиливали вазы с фруктами, бокалы, вспыхивавшие то золотистым теплым светом, то рубином, острый запах жареного мяса и каких-то восточных специй. А также девушки в легких, светлых одеждах, неслышно сновавшие с маленькими подносами между столиков.

Шофер тронул меня за рукав и предложил снять куртку. В уличной одежде я выглядел, видимо, странновато на фоне полуодетых людей.

Извиняло меня лишь то, что я пребывал в состоянии глубокого изумления. Ведь ехал на срочную деловую встречу, а попал неизвестно куда.

Завладев моей верхней одеждой, шофер шагнул к двери лифта и сразу исчез. Я остался один. Я не знал, что мне делать. Хуже нет положения, чем маячить столбом в незнакомом месте среди незнакомых людей. Поэтому, когда в противоположном конце зала вдруг вырос Михалыч, я радостно замахал ему.

Михалыч тоже явно воодушевился, увидев меня. Он был в голубой рубахе, выбившейся из-под ремешка на животе. Подошел и, беспричинно хохотнув, хватил меня по спине: «Да ты чего? Давай расслабься! Некуда сесть? Это мы сейчас...»

Он явно не походил на хозяина особняка, но распоряжался тут вполне уверенно. По знаку Михалыча одна из девушек принесла легкое плетеное кресло. Следом за креслом появился столик. Девушка спросила, что я буду пить и есть. Михалыч, не давая мне рта раскрыть, заказал бутылку красного вина, лепешки и мясо в тондуре, — видимо, местное фирменное блюдо, запах которого с самой первой минуты вызвал у меня голодный желудочный спазм. После этого он извинился, сказал, что отлучится на минуту, отошел, заговорил с кем-то закутанным в простыню, потом примкнул к небольшой, оживленно что-то обсуждавшей группке.

Девушка принесла вино, открыла, налила в бокал. Луч света от настенного светильника несколько раз мазнул по ее одежде. Я с удивлением заметил, что под одеждой у девушки ничего нет. Мелькнула маленькая вздернутая грудь, округлость живота с темным мыском внизу...

Я жадно выпил, чувствуя кисловатый, терпкий вкус, налил еще, откинулся на спинку кресла и, постепенно приходя в себя, уже с большей свободой и любопытством огляделся. Михалыч куда-то пропал. По крайней мере, я не мог отыскать его взглядом. Зато в левом углу я разглядел кое-что любопытное — очаг. Стеклянная прозрачная перегородка отделяла его от зала. Перегородка позволяла видеть, как некто смуглый, похожий на индуса, месил и раскатывал тесто, разделяя его на небольшие лепешки.

Закончив приготовления, он одним быстрым и ловким движением, не боясь обжечься, прилеплял лепешки к внутренним стенкам очага — высокого, с круглым вертикальным устьем, похожего на африканский барабан.

Потом в красноватых отсветах печного пламени, скользивших по стеклу, индус принялся резать мясо, нанизывать его на длинные металлические пруты. Морщинистые, как у обезьянки, проворные пальцы, окропленные кровью, мелькали, словно бы совершая черный языческий обряд.

Когда заиграла восточная, полная неги тягучая музыка и у фонтана появились босые девушки, плывшие в пене светлых прозрачных одежд, иллюзия стала еще более полной.

Тонкие в талиях, длинноногие, с полновесными бедрами, девушки плавно двигались под музыку, взмахивали руками. С голых щиколоток ритмично, в такт движениям, сыпался звон блестящих бубенчиков.

Едва девушки оказывались в полосах света, их обнаженные тела проступали предельно отчетливо. Но стоило им ступить в тень, как материя теряла прозрачность. Такие чередования лишь усиливали эффект.

Все, кто находился в зале, прервали разговоры, обмениваясь теперь лишь отрывистыми, короткими замечаниями. Я почти физически ощутил, как в загустевшем воздухе стало накапливаться возбуждение. Краска прихлынула к лицам, бычьей кровью налились глаза.

С того момента, как из окна института мне бросился в глаза черный «опель», я потерял связь с реальностью. И теперь окончательно уверился, что существую в мире, напрочь лишенном логики и здравого смысла.

Однако я не мог бы утверждать, что нынешнее состояние меня угнетало. Смотреть на девушек было приятно. Я чувствовал себя восточным шейхом, властелином. Эффект не портили ни фарфоровая безжизненность лиц, ни вызывающая вульгарность некоторых движений.

— Ну что, нравится? — раздался за спиной голос Михалыча, словно бы отзываясь на мои мысли.

Я не заметил даже, когда он подошел. Чувственные, влажноватые губы расплылись в дружеской, ободряющей улыбке.

— Какая красота!.. А?.. Хочешь, выбирай любую.

Волшебство исчезло. Я понял, что он просто провоцирует меня. А что, если в этом и заключалась цель нашей встречи? Естественно, зачем же упускать шанс полностью и навсегда рассорить нас с Надей и попытаться занять мое место. Момент как нельзя более подходящий.

— Ладно, не буду, не буду, — уловив мое внутреннее напряжение, не стал настаивать Михалыч. — А то еще подумаешь бог знает что. Запомни, мы с тобой в одной связке. Не в моих интересах тебя подставлять.

— Я ничего не думаю, — сказал я и, отвернувшись, стал опять машинально следить за движениями девушек у фонтана. Я пробовал сосредоточиться, сообразить, как следует себя держать.

Михалыч, проявив неожиданный такт, не стремился продолжить разговор. Мысли путались. Обнаженные девушки мельтешили перед глазами. Вдруг, совсем некстати, среди девушек я представил Надю в прозрачных одеждах. Она взмахивала пухлыми короткими руками над головой, будто отгоняла мух. Груди ее от прыжков колыхались, сотрясался пол, и вода выплескивалась из чаши фонтана с раздраженным, досадливым шипением.

«Что ж, значит, теперь это мой удел», — понял я. Время вносит свои коррективы.

Оспины капель, мельчайшая водяная пыль, оседая на волосах, на лицах, делала девушек похожими на мокрых, встрепанных зверьков, только что выбравшихся из воды. И вдруг стало жалко их молодость, красоту. Хотя, несомненно, многим из них просто нравилось танцевать обнаженными, превращая мужчин постепенно в стадо быков и баранов.

Тут один из патрициев, ближе всех оказавшийся к девушкам, не выдержал напряжения и, не желая больше оставаться просто зрителем, сам пустился в пляс. Танец его состоял из набора отрывочных, почти рефлекторных движений — он то хлопал в ладоши, вскинув руки над головой, точно лидер, трибун в момент проведения массовых народных акций, то пускался вприсядку, как бы пробуя противопоставить русский дух востоку.

Лиха беда начало. К одному сразу же потянулись и другие, показывая кто во что горазд. Распахивались рубашки, простыни соскальзывали, открывая рыхлые, волосатые, окрашенные нездоровой бледностью тела.

И вот уже распаленные видом доступных округлостей, нежных выпуклостей, плавных изгибов, музыкой и движением патриции начали хватать девушек, точно сабинянок. Девушки повизгивали, уворачивались, не прерывая танца, что еще больше разжигало мужчин.

Жертва провоцировала насильника, насильник — жертву. Естественно, разумом я был на стороне жертв. Однако их слепая покорность судьбе вместе с жалостью вызывала и возмущение, и злую обиду.

Не знаю, как я оказался в самом центре событий у чаши фонтана. Я словно видел сон, в котором, наперекор судьбе, вцепился в одну из симпатичных сабинянок.

Я тянул девушку в одну сторону, а тот из патрициев, который первым пустился в пляс, — в другую.

«Хоть и пост, но что поделаешь, — бормотал

он, не выпуская добычу. — Потому что мы русские люди. Не надо нам тут свои правила навязывать. Мы и на дверь можем показать».

Я изловчился и левой свободной рукой ухватил сабинянку за талию. Сластолюбивый патриций какое-то время пробовал продолжать борьбу. Но, чувствуя мой перевес, выпустил несостоявшуюся жертву. Мы с сабинянкой потеряли равновесие и как были, в одежде, рухнули в чашу фонтана.

Купание отрезвило меня. И когда через четверть часа я сидел перед Михалычем голый, завернутый в простыню, — одежду унесли сушить, — я был уже тих и смущенно-сосредоточен.

Михалыч располагался напротив, за письменным столом. В комнате стояли диван и шкаф с деловыми папками, отчего она походила на министерский кабинет. Уже не в первый раз за последнее время я чувствовал себя проштрафившимся клерком-школяром, которому предстоит неприятная разборка.

— Мне-то что... Мне нигде, ничего и никак, ты знаешь, — повторял Михалыч любимое присловье, скептически щурился и качал сокрушенно головой. — Я хочу только предупредить... По дружбе. И глазом не успеешь моргнуть, как въедешь в такую историю... Это не фонтан, одной сушкой потом не отделаешься, дорогой товарищ. Тебе это надо?

Тут он напомнил о кредите, о Надином хладнокровном коварстве, прозрачно намекая на обманутые чувства, свои и покойного Бальзаминова, которому Надина любовь уже стоила жизни. Теперь очередь дошла и до меня.

Наконец прояснилось, куда он клонит и зачем на ночь глядя зазвал меня в этот вертеп.

Он упорно пытался уверить меня, что без его связей, поддержки участь моя будет незавидной. Потому что Надя наметила мне роль козла отпущения.

Я не торопился прерывать Михалыча. Тем более что некоторые его утверждения заслуживали внимания. Например: «Ты останешься в безопасности ровно до тех пор, пока кредитные деньги не уплывут со счета твоего ТОО».

— Еще ведь ничего не решено, — сказал я, пытаясь уйти от ответа. — Мы делим шкуру неубитого медведя.

— Все согласовано, поверь. На коллегии по кредиту принято принципиальное решение.

— А если мы вдруг провалим показ? Что тогда?

— В это я просто не верю, — веско бросил Михалыч. — Это мы, пинжачки, в пальтишках, зипунишках, можем опростоволоситься, а вы ведь — ученые, свет нашей науки.

И опять, как в тот злополучный день, когда я решился оставить себе два золотых слитка, чей-то голос принялся сладко нашептывать: «Подожди, они скоро оба станут твоими заложниками».

И тут же вместе с мгновенным ожесточением

появилась вдруг ослепляющая догадка: «А что, если со слитками-то была только репетиция перед настоящим делом, способным перевернуть жизнь?»

Той же ночью мне приснился сон — я сидел на высокой кирпичной стене с Кузьмичем, свесив ноги. По обыкновению, Кузьмич травил байки. На этот раз, почти как сказитель, в возвышенном штиле. «И вот жили-были», — глуховато бормотал Кузьмич. Кто жил и зачем я, проснувшись, никак не мог вспомнить. Но интонации были почти что библейские: «И взял Авраам еще жену, именем Хеттуру. Она родила ему Зимрана, Иокшана... Иокшан родил Шеву и Дедана...» Внезапно Кузьмич прервал рассказ и указал на клен, росший недалеко от стены. Клен был усеян черными галками. «Смотри! — сказал Кузьмич и указал на галок. — Дело-то нечисто». И тут я увидел, что все галки уставили свои носы, как стрелки, на меня. «Надо сматываться, — сказал Кузьмич. — Давай за мной! Перекрестись и прыгай!» И кинулся вниз. Я сотворил знамение и, превозмогая страх, оттолкнулся от стены... В животе все оборвалось, но вместо того, чтобы падать, я вдруг полетел. Увидел морскую синь неба, прозрачное акварельное облако, застывшее на пути.

С чувством свободы, легкости, полета я проснулся. Потом все утро пытался растолковать сон, потому что яркие сны, которые помнишь при пробуждении, всегда значат что-нибудь важное. Я даже рассказал сон матери, но она знала твердо одно: вырванные зубы и сырое мясо приводят к болезням и смерти. А что такое галки и счастливое падение с кирпичной стены, не могла объяснить. Сказала только, что раз я летаю во сне, то, значит, все еще расту.

Ну а я и подавно в толковании снов был полнейшим профаном, полагаясь лишь на то ощущение, с которым утром открыл глаза. Получалось, что сон сулил удачу.

Первое подтверждение, что разгадка верна, не заставило себя ждать. Перед тем как я вышел из дома, запищал телефон. Это была Надя. Она сразу же извинилась за то, что не смогла накануне связаться со мной. Голос ее звучал бархатно, нежно, точно в старые добрые времена. Она даже пару раз присюсюкнула, когда просила меня не дергаться, не волноваться, а сосредоточиться на главном, на подготовке к визиту комиссии. Значит, разум взял-таки верх над бабьим глупым капризом.

Кроме того, Надя попросила сообщить немедленно, если «опель» объявится вновь. «Ты не должен подвергать себя опасности, любовь моя», — заботливо проворковала она.

После разговора с Надей я приободрился. И даже решил зайти в институт с главного входа, а не из переулка, как планировал, чтобы не столкнуться с проклятым «опелем» невзначай.

Я обшарил взглядом скопище грязных машин

у ворот, тротуар, маленькую дорожку — «опеля» нигде не было. Поразительно! Получилось, что он возник в момент отчаяния, тупика и сразу исчез, лишь только на горизонте забрезжила Надежда.

Между тем приближался решающий день. Стали всплывать непредвиденные препятствия: один из членов комиссии в выходные на даче упал с лестницы и сломал ключицу, другой не успевал к сроку вернуться из-за границы... И каждому необходимо было срочно найти замену, которая бы устраивала всех.

Михалыч прилагал титанические усилия. Он звонил мне буквально каждый день, решая очередную замороку. И при этом не уставал бубнить в трубку: определился ли я, готов ли выступить с ним в одной связке, а значит, выйти живым и здоровым из этой игры, да еще и с большими деньгами. И я каждый раз всеми силами старался не дать ответа: не оттолкнуть и не обнадежить, не сказать ему твердо ни «нет», ни «да».

Наконец, к удивлению, все утряслось и назначили время — шестнадцать ноль-ноль.

Когда я увидел, какое количество штатских и военных чинов толпится в вестибюле института, среди обветшавших декораций имперского стиля — гранитных колонн и капителей, бронзовых запыленных люстр, кожаных диванов с торчащими наружу пружинами, — я почувствовал, что пути назад нет. С нараставшей тревогой я думал: «Как еще поведет себя наша чудесная печь, которую я до сих пор так и не видел в деле?»

Для верности хорошо было бы постоянно иметь под рукой Кузьмича. Он один умел даже в страшнейшем цейтноте найти выход из всех затруднений.

Пока Надя с Михалычем встречали у парадной лестницы гостей, я поднялся на этаж. Старика нигде не было. Я спросил Хусана, но тот только загадочно ухмыльнулся и пожал плечами.

Кузьмич испарился без следа. Видимо, испугался провала. Так вот почему он во сне предлагал мне бежать!

Канюхин, Дмух, Михалыч с Надей в окружении военных уже шли по коридору. Осталось выйти вперед и сказать: «Господа, никакой технологии нет. Мы просто морочили вас». Но вместо этого я задиристо, по-петушиному крикнул Хусану, что пора начинать.

Хусан распахнул железную створку двери, другую с трудом отворила Валя. Чего бояться, ведь любой провал можно списать на отсутствие времени, денег — не успели, не довели до ума.

В центре комнаты громоздилась индукционная печь, похожая на большую кастрюлю. Венчал печь объемный аквариум с йодистым раствором. Среди членов комиссии прошелестел одобрительный шепоток. И правда, сооружение выглядело фундаментально.

Когда шепоток стал стихать, Хусан приблизился к печи и произнес вступительное слово:

— Вы видите перед собой универсальный агрегат, — сказал Хусан. — Другого такого в мире не существует. Все процессы в нем протекают по замкнутой схеме. Отходы одних процессов становятся сырьем для других. Экологическая чистота проверена.

Затем с помощью Вали он поднял с пола увесистый пакет с пластмассовыми микросхемами, транзисторами и осторожно принялся ссыпать содержимое в аквариум. Раствор помутнел, забурлил, легкий дымок зазмеился, пополз в оцинкованный раструб вытяжной системы.

Прошло какое-то время, густая муть стала оседать. На дне аквариума появился коричневый осьминог. Он надувался и распухал на глазах, вбирая в себя грязь и муть окружающего пространства. Щупальца его, извиваясь, тянулись в самые отдаленные закутки. Потом с легким шорохом заработал насос, и раствор начал медленно уходить из аквариума.

Я боялся пошевелиться, сглотнуть. Я молился в душе, только чтобы не сглазить. Невероятно, но пока все шло как надо. Каким таким волшебным образом, я не понимал. Ведь ничего же не было до конца готово.

И вот на дне аквариума остался лежать сложившийся из коричневого осадка бездыханный, распластанный, плоский урод, окруженный остатками микросхем и транзисторов.

Аквариум затрясло, плексигласовое дно его сдвинулось в сторону. Осьминог вдруг рассыпался в прах, и тот, в свою очередь, провалился куда-то, видимо в преисподнюю, сквозь мелкое сито, открывшееся взору на месте прозрачного дна.

Тут в дело вступила адская печь, давно уже гудевшая и глухо подвывавшая в нетерпении. Приборы показывали, как росло напряжение и поднималась температура. Печь дрожала, в ней что-то постанывало, шевелилось, вздыхало.

Наконец Хусан выключил печь. Валя откинула задвижку, и Хусан, надев белые варежки, через боковой выпуск полез внутрь щипцами.

В последнем жутком замирании я ощутил, какая наступила тишина. Хусан подозрительно долго копался.

И вот тут новорожденный чистый блеск золота хлынул в глаза. Я на минуту растерялся. А потом чуть не подпрыгнул в восторге, как юный фанат, выбросив вверх кулак: «Yes!» Да с такой технологией мы и без всяких кредитов озолотимся.

Эффект получился почище, чем в «Графе Монте-Кристо», когда Дантес, оказавшись в заветной пещере, открыл крышку первого сундука. Все, кто был в комнате, бессознательно потянулись к изложнице. Чья-то не в меру проворная рука в суматохе чуть не коснулась слитка.

— Осторожнее! — успел крикнуть Хусан, отводя щипцы в сторону. — Обожжет!

Вслед за первой изложницей из печи появилась вторая.

— Да это какая-то курица ряба! — услышал я восхищенный голос за спиной.

— Наши, русские головы! Кладезь бесценный!

Я всегда говорил, — тут же вставил Михалыч. И полез ко мне обниматься.

Его оттеснила Надя и, обложив грудями, как подушками на мягком, просторном диване, принялась целовать, шепча: «Я тебя обожаю».

Раздались дружные аплодисменты. Слитки пошли по рукам. Это была победа!

Никто из присутствующих ничего подобного не ожидал. Нет, естественно, члены комиссии при любом более или менее благополучном исходе подписали бы акт, расхвалили и рекомендовали технологию к внедрению. С ними ведь не один день проводилась работа и были заплачены деньги. Но чтоб такой блестящий результат, когда с открытым сердцем, не боясь, что тебя потом, чем черт не шутит, возьмут и обвинят...

Все пребывали в приподнятом настроении. Да и вид золотых слитков оказал, несомненно, воздействие. Поэтому члены комиссии дружно потянулись в коридор вслед за Михалычем с Надей и мимо пыльных стендов направились в мой кабинет, где их ждали столы с выпивкой и закуской.

Ну а я задержался. Хотелось поблагодарить ребят, сказать, какие они молодцы, как я их люблю и уважаю.

И в самом деле я был потрясен. От волнения у меня расплывалось в глазах, и я не сразу заметил, что Валя с Хусаном ведут себя как-то странно.

Лишь только последний из гостей покинул комнату, как Валя заперла дверь на ключ. Потом они с Хусаном сдвинули в сторону аквариум, висевший на тонких стальных тросах, и сняли с печи тяжелую крышку.

— Ну как? Двигаться-то можешь? — наклонившись над устьем, сказал Хусан.

Я просто потерял дар речи, когда из печи появились две худые руки с корявыми, желтоватыми пальцами и цепко ухватились за края. Следом всплыли всклокоченная голова, плечи, торс и, наконец, весь Кузьмич, только малость помятый, багровый.

Харкая и матерясь, он кулем рухнул на пол, но тотчас встряхнулся и выдал: «Так их мать! Чуть не сдох! Душно тама».

— Ну, доволен? — после длительной паузы произнес он, заметив меня. — Я ж сказал, что мы сделаем их как дважды два.

Горькое разочарование спазмом перехватило горло. Ведь я почти поверил в чудо.

«Как Кузьмич попал в печь? — спрашивал я себя. — Там же шла плавка!»

Со старика стащили мокрую рубаху, и Валя взялась растирать затекшую спину и плечи Кузьмича. А Хусан со словами: «Ну вот, что обещали...» — раскинул на столе скатерть-самобранку.

Кузьмич с видом героя хватил сразу целый стакан, выдохнул: «То, что доктор Кацман прописал», — и, ослабив на брюках ремень, опустился на стул, как-то сразу обмяк.

— Как чувствуешь себя... А? — наконец через силу окликнул я Кузьмича.

— Мертвые не чувствуют, — ответил Кузьмич и стал заваливаться на бок, устало прикрыв глаза.

Женщины уже разносили кофе. Канюхин достал из портфеля заветную сигарку в алюминиевом чехольчике. Появление сигарки в руках замминистра означало успешное завершение сегодняшнего испытания.

Я наблюдал, как, вскрыв чехольчик, Канюхин поднес сигарку к ноздрям и блаженно зажмурился. Хотя что же можно было учуять среди запахов кофе, салатов, спиртного?

И все-таки одного взгляда на замминистра оказалось довольно. Впереди замаячила робко обыкновенная жизнь, в которой можно заниматься любимым делом. Неужели это возможно?

Но лишь только я сладко подумал о будущей жизни, как заметил Надю, направлявшуюся ко мне.

— Нам надо поговорить, — сказала она, взяла меня под руку и потянула в коридор.

У ближнего окна курили. Под скрип грязнорыжего паркета мы прошли дальше, завернули за угол. В конце коридора, у лестницы, оказался полутемный закуток.

— Совсем забыл меня.

Дыхание Нади, отдававшее спиртным, поцелуи, ласки были неприятны.

— После аварии ты переменился, — прошептала она, чувствуя автоматизм моих вялых ответных движений. — Послушай, я бы не стала об этого типа мараться.

— А я что, обвиняю тебя?

— Хочешь, поедем ко мне? Я тебе все объясню.

Получалось, что сегодняшнее торжество, стоившее таких усилий, вот-вот растает, превратится в фикцию. Ведь одной поездки на дачу довольно, чтобы все возвратилось на круги своя.

Я сказал, что, кажется, заболеваю. Перенапрягся. Поэтому лучше поеду домой.

Надя сначала не поняла. Но вдруг я почувствовал, как тело ее обмерло, закаменело.

Я попробовал еще что-то сказать, оправдаться. Не слушая, она повернулась на каблуках и быстрым шагом пошла прочь, почти побежала.

Я отдавал себе отчет — такие женщины на многое способны. Особенно в запале обиды.

— Постой! Ты не поняла...

Я бросился за ней, хотел удержать, но она с неожиданной яростью оттолкнула меня: «Брысь!»

Я остановился. Получалось, что даже в такой день не хватает мужества вести себя достойно. Ведь я не альфонс, не слуга; я выполнил свою роль. Мне нечего бояться.

Когда вернулся в кабинет, гостей заметно поубавилось. За столом оставались лишь Надя с Михалычем да еще два малознакомых мне полковника из Управления матресурсов.

Михалыч явно перебрал. Он был без пиджака, рубаха расстегнута на груди. Он что-то рассказывал Наде и под шумок сладострастно оглаживал ее спину, бока. Она закидывала голову, сотрясаясь всем телом, громко, с подвизгом хохотала.

В том, что Михалыч, вопреки своим мрачным прогнозам, не упустит счастливой возможности, я не сомневался. Что ж, все нормально, правильно — я предоставил ему шанс, он ухватился... Но, зная всю подноготную его чувств к Наде, было чертовски жалко эту дуру. Где же ее пресловутая мудрость, где ясновидение? Нет, баба останется бабой!

Обычно я ездил домой на троллейбусе. Но в этот раз захотелось пройтись.

Когда топал пешком вдоль проспекта под зябким ветерком, голова на удивление быстро прояснилась. Все же я был в этот день победителем.

Под ногами похрустывал тонкий ледок с прошлогодними листьями и мелким мусором. Земля лежала оцепенело, словно присыпанная пудрой. Но все вокруг, казалось, было уже заряжено скрытым пока, обновленным, победным движением.

К утру зарядил мелкий дождь. Мягкое, убаюкивающее шуршание сочилось сквозь щели оконных рам. Часам к девяти все стихло. Только время от времени шальные капли шлепали гулко о жестяной отлив.

Я разлепил глаза и понял, что впервые не надо никуда спешить. Все замерло в ожидании кредитных денег. Победное движение прервалось.

Дождь навеял хандру. Внутри тихо гудела пугающая пустота.

Тишь и пустота царили и снаружи — ни материнских шагов, ни ее утробного утреннего кашля, оставшегося после воспаления легких, которым мать переболела зимой. Накануне она объявила, что собирается поехать к сестре в Чехов на несколько дней. Сказала, что за последнее время просто разучилась говорить. «Я понимаю, что ты занят, издерган, — добавила, спохватясь, — но я ведь тоже живой человек». И уехала.

Взгляд переползал с предмета на предмет, не узнавая и не понимая их в сонном, сером полумраке. Казалось, некогда знакомое пространство обросло паутиной арабской недоступной вязи.

Я попытался собраться, стряхнуть тупое оцепенение, превратившее окружающий мир в бессмыслицу. Сделал усилие, потянулся к стакану с минеральной водой на тумбочке у кровати.

Вода слегка горчила и пахла морем в жаркий день, когда в трусах, в соломенном бриле сидишь, свесив ноги, на деревянном причале. Щелястый настил причала с засохшей рыбьей чешуей слегка качается в такт вялым шлепкам волн о сваи. И так же вяло в такт волнам натягивается и провисает леска закидушки.

На подоконнике, как всегда неожиданно, за ночь, расцвел кактус. Цветок не простоит и до следующего утра. Белый граммофончик на зеленой длинной цветоножке, нежное ухо вселенной в цыплячьем пуху, напряженно уставленное на меня.

Я встал с дивана, подошел к окну и, чтобы лучше рассмотреть цветок, раздвинул до отказа шторы. Взгляд невольно скользнул по двору: хозяева прогуливали собак, бежали школьники, мамаши тащили детей в садик.

Стекла окрестных домов и машин, припаркованных у тротуара, ловили летучую голубизну. Владелец бежевых «Жигулей» копался в моторе. Мой взгляд переместился дальше, привлеченный насыщенным черным цветом одной из соседних машин. Очертания напоминали то ли «форд», то ли «опель». Инерция недавних размышлений еще несла меня. «Опель» ведь тоже был из разряда вещей и, продолжая ряд метафор, требовал расшифровки.

Я начал медленно одеваться. На лифте спустился на первый этаж. Перед тем как открыть дверь подъезда, подумал, что это, конечно, ошибка — ведь им неизвестен мой адрес. Но не «форд» и не «ровер», а именно «опель» стоял в череде припаркованных у тротуара машин. Он как будто бы ждал.

Не раздумывая, я пошел прямо к машине. Да мало ли черных «опелей» в Москве, сказал я сам себе, вглядываясь в тонированные стекла. Машина выглядела пустой. Но когда до «опеля» оставалось не более трех шагов, заработал мотор.

В нетерпении я протянул руку к задней дверце. «Опель» медленно заскользил от меня. По мокрой, блестящей поверхности замельтешили блики света. Я ускорил шаг, и он стал удаляться быстрее. Тогда я повернул домой. И «опель» сейчас же вернулся на прежнее место.

Только дома до меня дошло, почему они не тронули меня. Они тоже ждут, когда на мой счет придут кредитные деньги.

Ни Наде, ни Михалычу после вчерашнего я позвонить, естественно, не мог. Безумную мысль о милиции тоже отбросил сразу. Ведь им придется рассказать о золоте.

Ограничился тем, что проверил железную дверь, закрытую изнутри на задвижку. Теперь ее можно было только взорвать или вырезать автогеном.

Я вошел в свою комнату и присел на диван. Мысли разбегались. Фотографии худого, костлявого мальчика лезли в глаза. Зимой он позировал в лыжном костюме с начесом, летом — в майке и в сатиновых черных трусах до колен. Мать выставила фотографии в книжный шкаф, на самое видное место, когда мы с Настей съехали на съемную квартиру.

«My house is my castle» — учили мы когда-то в школе. Для мальчика с фотографий дом тоже был когда-то крепостью. Маленькой крепостью посреди бесконечной степи.

Каждый выход за крепостные ворота требовал маскировки. Мальчик надевал полосатый халат, островерхую шапку с жестким конским хвостом и сам становился на время кочевником на низкорослой, мохнатой лошаденке. Ведь разговор с чужаками в степи был короткий — стрела или аркан, потом откуп, таньга.

При возвращении в крепость он вставал, помню, даже под душ, чтобы смыть с себя запах степи.

И вот теперь дом, где я вырос, впервые перестал быть для меня безопасным местом. Я заигрался с переодеваниями. Крепость пала. Правда, может быть, это произошло гораздо раньше, а я не заметил.

Для спасения осталось одно — попробовать оторваться, бежать. Но куда? Проверенных старых друзей за последние годы как градом побило: один выбросился из окна, другой умер в метро от сердечного приступа, еще одного зарезали ножом у подъезда, когда возвращался с работы домой. Леха, с которым дружили с детства, живет теперь в Чикаго и женат на таитянке, Володька с Женькой растворились в Лондоне... Но даже тем немногим, кто обитает под боком, что скажешь, вынырнув вдруг из небытия?

Вот тут я и вспомнил о Тане. Последний раз она звонила недели три назад. И как водится у обидчивых, малахольных особ, после короткого, пустого разговора бесследно пропала. По моему тону она, кажется, все поняла.

Если бы подвернулся какой-то другой вариант, я, конечно, не стал бы снова связываться с

Таней. Но в отличие от остальных у нее был один замечательный плюс — ни ее телефона, ни адреса не знал никто из моего окружения. Да и о самом ее существовании, кроме Хусана, не подозревал никто. Даже мать.

Звонить Тане я не стал. Ведь те, из «опеля», могли прослушивать мой аппарат.

Не мешкая собрал дорожную сумку — пара рубашек, пара брюк, нижнее белье. И стал ждать. Время от времени крадучись подходил к окну и выглядывал из-за шторы. «Опель» не двигался с места. Так продолжалось целый день.

Часа в два ночи я поднялся по нужде и перед тем, как снова лечь в постель, решил еще разок удостовериться, на месте ли мучитель. Остатки сна пропали моментально — «опеля» на привычном месте не было.

Через шесть минут, точно солдат по тревоге, я выбежал с сумкой из квартиры, остановил, не торгуясь, первого же левака и покатил к Тане.

Таня уже спала. Своим звонком я поднял ее с кровати. Испуганная, в короткой ночной рубахе, она так и не поняла, чем вызван мой визит. Ведь должно было произойти нечто невероятное, раз я вломился к ней посреди ночи. При этом, по обыкновению, из деликатности она не спрашивала ни о чем, а я не объяснял. Только, сославшись на усталость, попросил постелить мне на диване.

Пусть знает — не страсть и, уж конечно, не любовь привели меня к ней в такое время.

У Тани задрожали губы. Она исчезла в комнате, а когда вернулась, на ней были блузка и старые джинсы, чтобы я, не дай бог, не подумал, что с самой первой минуты она пробовала соблазнить меня.

На другой день я проснулся от скрипа двери. В дверь просунулась Гошина морда. Просунулась и замерла, словно ее подвесили, отделив от тела. Из черных курчавых зарослей на меня уставились кирзовый нос и блестящие немигающие глаза.

Танина кровать была аккуратно заправлена. В квартире стояла тишина. Выходило, что, пока я спал, Таня ушла на работу. А пес, сразу сделавшись полноправным хозяином, решил обследовать свои владения.

Он явно не ожидал снова увидеть меня. Ведь раньше я никогда не оставался у Тани ночевать. Никакие просьбы не могли поколебать меня.

Теперь я уехать не могу. Сколько мне суждено пробыть у нее, неизвестно.

Все тут раздражало меня: пыль, грязь на кухне, старый хлам, какое-то вековое запустение. И главное, невозможно было увязать это с обликом хозяйки — опрятной, кроткой, хрупкой, бледненькой, с лицом отличницы, погруженной в страдание. Сейчас же на ум приходили: Ася, Машенька, Сонечка... Любимые образы русской литературы.

«Но как же можно, находясь в здравом рассудке, взять и махнуть на свою жизнь рукой? И при этом мечтать, что, пока ты страдаешь, появится вдруг из чудесного далека какой-нибудь витязь прекрасный, подставит спину, ты, поломавшись для порядка, взгромоздишься на нее и потрусишь в любви, тепле, уюте прочь отсюда — на чужом горбу в рай...»

Да, я изменился с годами. Юный энтузиазм пропал. Если бы мама могла прочитать мои мысли, она, без сомнения, сказала бы, что я очерствел, стал циничным, недобрым и поэтому черный «опель» преследует меня. Или бы просто не поверила своим глазам, ушам.

Бесцельное шатание по квартире убивало. Зайдя на кухню, я понял, что в такой грязи противно даже думать о еде.

«А еще женщина называется», — бормотал я, стирая с кафеля жирные пятна. От губки пахло помойным ведром. Это было невыносимо.

Дальше — больше. Выяснилось, что нужны ловушки для тараканов, новые губки, металлические мочалки, чистящие жидкости и порошки. К тому же я не нашел в холодильнике ничего съестного. На двоих у нас с Гошей выходила лишь пачка сухого корма.

Деловая, сдвинутая на чистоте и уюте особа проснулась во мне. Я даже позабыл про черный «опель» и про осторожность. Ведь лучше было бы вообще какое-то время не выходить из дома.

Часа полтора я провел в магазинах, выбирая

яркие бутылочки, баночки, ершики, разноцветные тряпочки, щеточки, губки. В довершение купил для чего-то четыре витые свечи. В продовольственных тоже мел все без разбора и набил две огромные сумки.

Когда вывалил в кухне на колченогий стол покупки, то заметил — мрачная кухня ожила. Невольно с голодухи стал разворачивать снедь, нюхать, пробовать. Гоша бегал вокруг, как ребенок, возбужденный и радостный в ожидании обильных даров.

Колбасы и ветчины, тушка утки, вино, сыр, фрукты и овощи смотрелись как голландский натюрморт. Уж кто-кто, а голландцы умели изображать обнаженную плоть жизни, усиливая чувство обреченности, бренности всего живого, а значит, и горько-сладкую остроту летучих мгновений бытия.

Завтракал я уже в полдень, на скорую руку, чаем с бутербродами. Однако к приходу Тани решил преподать ей урок и накрыть настоящий стол.

Начало смеркаться. В кухне запотело окно. Я открыл форточку. В духовке утка медленно покрывалась янтарно-золотистой хрустящей корочкой. В одном из ящиков буфета я разыскал пожелтевшую на сгибах от долгого лежания скатерть, накрыл ею стол, расставил салаты, нарезку, бокалы, приборы, водрузил в центр стола между двух свечей бутылку красного испанского вина и стал ждать.

Без двадцати восемь раздался звонок. Гоша с радостным лаем бросился к входной двери и запрыгал, взвизгивая от нетерпения.

Стоило мне открыть дверь, как пес, подхваченный потоком света, вылетел на темноватую лестничную площадку прямо в руки присевшей хозяйки. Она поднялась. На темном фоне обозначился силуэт — тонкий, хрупкий, словно вырезанный из бумаги.

Один шаг через порог, и Таня обрела сразу плоть и объем. На берете, на волосах, ресницах заискрилась дождевая пыль. Глаза ее тоже свежо и промыто блестели, но в поведении сразу же проступили скованность, угловатая неловкость. С немым вопросом она то и дело вскользь, робко взглядывала на меня. Естественно, она не знала, как себя держать. Ведь за все время нашего знакомства я впервые провел в ее доме безвылазно целые сутки.

Захотелось рассеять неловкость и возникшее еще с ночи отчуждение. Я приблизился, чтобы снять с Тани пальто.

Неуверенно шмыгая носом, она оперлась на мой локоть, стоптала узконосые, забрызганные грязью сапоги, отдала мне пальто и сразу же, воспрянув духом, чуть ли не вприпрыжку направилась в ванную мыть руки.

Я остался на месте. Не хотел ей мешать. Просто ждал, когда Тане попадется на глаза накрытый в кухне стол. Да, интересно было бы увидеть, какое у нее лицо.

Я ждал секунду, десять, двадцать. Ни удивленных, ни радостных возгласов, вообще никаких звуков не доносилось до меня. Я напрягся, занервничал, вспыхнула даже мгновенно досада: у скрытных, зажатых особ никогда нельзя угадать реакцию.

Какие-то слабые звуки доносились до меня. Ждать больше было бесполезно. Осталось самому отправиться на кухню и взглянуть.

Свет был потушен, зато горели свечки. Таня стояла у стола. Язычки пламени освещали нижнюю часть ее лица.

— У тебя что, какой-нибудь праздник сегодня? — глядя на пламя, тихо спросила она.

Я промолчал.

— Ты это сделал для меня?

Она повернулась. Я почувствовал на щеке влажное прикосновение. Мы сели за стол.

Я принялся ухаживать за Таней — налил ей вина, положил кусок утки, которая, похоже, удалась: антоновка оттянула жир и взамен пропитала мясо кисловатым, душистым соком. Но Таня по непонятной причине довольно вяло ковыряла утку, в основном выбирая печеные яблоки из ее нутра. Я решил не обращать внимания. Теперь, освещенная свечами, на фоне полного яств стола, она смотрелась вполне привлекательно.

Спина прямая, плечи разведены, руки чуть выгнуты в тонких запястьях... Нетрудно было догадаться, каких сил стоила матери, тетушкам, бабушкам, сохранившимся только в виде фотографических снимков на стенах, эта ее стать. Наверное, они не уставали повторять: «Не сутулься, подними подбородок, прогни спину». Может быть, даже заставляли Таню держать линейку за спиной. Ее, конечно же, учили танцевать, водили на балеты и в музеи и дома вечерами показывали репродукции картин великих мастеров.

Я поднял бокал и вдруг заговорил о доме, об уютном тепле очага, хотя у нас в семье не очень-то любили ритуалы, светскость, церемонии, предпочитая простоту. Особенно в застолье.

Таня не отпила ни глотка, лишь чуть-чуть коснулась вина губами.

И тут я не выдержал:

— Что-то не так?

— Нет-нет, все в порядке, — тотчас же вскинула она блестящие глаза.

— Почему ты не пьешь ничего и не ешь?

— Я все ем.

— Ну тогда я слепой.

Она не ответила, видимо заколебавшись.

— Но ведь пост же идет, — наконец очень просто сказала она.

Еще вчера ее слова вряд ли бы сильно меня задели. Но теперь... Мне открылось в ее поведении гадкое ханжество кротости. Как будто бы эта лентяйка, неумеха, неудачница, махнувшая на себя рукой, превратившая свой дом в хлев, пыталась поучать меня.

Обида осознавалась постепенно. В конце концов я взорвался.

— На хрена тогда я это все затеял?! Ты можешь сказать?.. А? — крикнул я, с грохотом выбираясь из-за стола.

— Постой! Я совсем не хотела обидеть тебя.

— Да пошла ты!

Так я вновь очутился на улице ночью.

С неба вместе с дождем сыпалась ледяная крупа, стрекотала по куртке, барабанила по оцинкованным крышам, отливам. Водосточные трубы звенели, пузырились и пенились лужи. Я бесцельно шагал вниз по улице, обрамленной особняками, до тех пор, пока не продрог и не промочил ноги.

Пришлось укрыться под козырьком одного из погруженных в темень магазинов. В промежутке между домами на месте стихийного базарчика валялись деревянные ящики, картонные коробки. Я смотрел на них и сам себе казался мокнущей под дождем, бросовой, выпотрошенной тарой. Так, может, и лучше всем будет, если черный фантом наконец-то поглотит меня?

От таких мыслей стало совсем неуютно. Почудилось: из подворотен, где ветер шевелил, вздымая в воздух, мелкий мусор, чьи-то холодные глаза не отрываясь смотрят на меня. В каждой машине стал чудиться черный «опель». Сделалось жалко себя.

Я вдруг обнаружил, что раздражение на Таню исчезло. Ну постится человек, что ж тут плохого?

Одно было странно: почему она не понимает, что искреннее желание сделать другому приятное, скрасить жизнь, взять и выдумать праздник — это желание добра. А значит, несмотря на пост, отказываться нельзя. Ибо сказано: «Суббота для человека, а не человек для субботы».

Оказалось, что, выбегая из Таниной квартиры, я даже не прикрыл толком дверь. Она так и осталась приоткрытой. Полоса света, пробивавшегося из щели на лестничную площадку, заставила заволноваться.

Коридор пустовал, в столовой — никого. Хозяйку я обнаружил на кухне. Таня сидела за столом в той же позе, в которой я ее оставил. Она ела утку и плакала, совершенно бесшумно. Пес с приглушенным хрустом глодал утиную кость и косил на меня налитыми влагой глазами.

Я не проронил ни слова. Да и что тут можно было сказать?

Мы легли каждый в свою постель, но сон не приходил. Ее капитуляция не принесла облегчения. Не хотелось навязывать Тане свое понимание жизни, не хотелось плодить себе лишних проблем, поэтому я смирился.

Через пару дней дошло до того, что я даже начал с ней вместе поститься. Не вводить же раздельное питание. Это будет совсем уж глухой кретинизм.

Вообще-то я хоть и крещеный (бабушка с

дедом в возрасте трех лет тайком от родителей крестили меня на Кубани), но постов не соблюдал. Хотя нет, был один краткий период после смерти отца, когда я попытался сделаться вегетарианцем. Отчаяние сменилось диким страхом, патологической заботой о своем здоровье. Я занялся йогой, стал чиститься клизмами, есть лечебные травы, проросшие злаки и отруби. Но вот в религиозном смысле не постился никогда.

Мой пост и теперь не был истинным православным постом. Я не ходил в церковь, не исповедовался, не причащался. Хотя перед сном и шептал: «Господи — Владыко живота моего», глядя, как в детстве, у стариков на Кубани, на огонек лампадки в углу, под иконами, распространявший душный запах растительного масла. Потом поворачивался носом к стене, делая вид, что уснул. Чтобы не смущать Таню, когда она придет ложиться.

Дело в том, что Таня отчего-то стала стесняться меня. Убирать на кухне начинала только тогда, когда я отправлялся спать. Да и не только на кухне... По утрам я замечал: кафель в ванной вернул себе свежесть и блеск, исчезли пыль с абажура в столовой, клочья Гошиной шерсти по углам.

Я ломал голову: «Гордая, что ли? Не хочет признать моей правоты?» Но ведь я и не требовал от нее никаких признаний. А может, она надеялась, что однажды утром, поднявшись с кровати, я вдруг воскликну: «Какая вокруг чистота!» Детский сад!

Вот и приходилось играть в игры, ждать, когда она придет, наконец, и ляжет. Иногда часа по два. Такая уж у меня особенность — не могу уснуть, пока хоть кто-то в квартире бодрствует, жжет свет, постукивает, шуршит, гремит.

Но и тогда, когда Таня почти бесшумно прокрадывалась в свою постель, расслабиться окончательно и заснуть не удавалось. Я знал, что она притаилась и прислушивается к моему дыханию. Через какое-то время для пущей уверенности она окликала меня: «Дима, ты спишь?» Я молчал.

Таня выскальзывала из-под одеяла. Неслышно ступая босыми ногами, она подходила к иконам и долго молилась, упав на колени, шмыгая носом и всхлипывая, сморкалась в платок, зажатый комочком в левой, свободной руке. Она напоминала мою кубанскую бабушку, когда та, овдовев и страдая от одиночества, приезжала к нам зимовать в декабре. Маленькая, сухонькая, в серебристом венчике младенчески тонких волос, бабушка за неимением икон молилась перед сном на шифоньер, стоявший в красном углу. И так же вот била поклоны с колен, плакала и сморкалась тихонько, как призрак белея ночной долгополой рубахой в отсветах уличных фонарей. А потом подходила ко мне и крестила поспешно, проводя прохладной ладошкой по голове.

Когда то же самое вдруг однажды проделала Таня, я почувствовал, что мне не по себе. Танин жест явно не был рассчитан на внешний эффект. Ей казалось, я сплю. Она просто поддалась порыву.

«Неужели она меня так любит? — подумал вдруг я впервые за время нашего знакомства.

Но что она знает обо мне? Ведь на меня идет охота. Каждое утро я начинаю с осмотра двора — подхожу к окну и скрупулезно, метр за метром, до самых мельчайших деталей... Я могу ее крупно подставить, если только откроется, где я скрываюсь. Она станет ненужным свидетелем. И тогда она вспомнит свою одинокую жизнь как недостижимое счастье.

Меня подмывало призвать ее к осторожности, предупредить. Но пришлось бы рассказывать о Надежде, Михалыче, черном «опеле», желтом металле... При всем желании я не смог бы изложить ей суть дела внятно, потому что и сам еще многого не понимал.

Мне оставалось только мысленно торопить время, которое одно способно было развязать все мертвые узлы.

Я не знал, какие сроки определила коллегия Комдрагмета для выделения первой порции кредита. Однако все равно решил связаться с бухгалтером Галей, чтобы проверила, не появились ли на нашем счету деньги.

Галя сказала, что ездила в банк накануне за выпиской, — денег нет. Но меня уже несколько дней ищет повсюду Надежда Витальевна.

Общаться с Надей не хотелось. Я всерьез опасался, что она заведет разговор о наших с ней отношениях. Тогда, выходит, и звонить не надо. Ни черный «опель», ни кредит не удастся толком обсудить.

Но с другой стороны, что же делать? Ведь, не закрыв историю с кредитом, я даже дернуться никуда не смогу.

В общем, я ей позвонил утром, когда Таня отправилась на работу.

В последний миг решил подстраховаться и звонить из автомата. И вот в телефонной будке у входа в продуктовый магазин Надя в буквальном смысле убила меня. У нее был какой-то особенный дар первой оглашать самые невероятные вести.

Оказывается, исчез Михалыч. Да, с того самого вечера, когда мы в институте праздновали победу.

— Подожди, как исчез?

Вспомнилось почему-то, как за столом он сладострастно оглаживал Надю.

— Поехал домой и словно в воду канул. Вместе с машиной, с шофером.

— Бред какой-то! — вырвалось у меня. — Кому это надо?

— Но он исчез. Это факт, — терпеливо внушала мне Надя. — В милиции уже завели дело. Меня вызывали. Хотели видеть и тебя. Трезвонили домой, посылали повестки. Но ведь ты тоже исчез с того самого дня. Они стали уже опасаться, что, как и Михалыч, с концами...

Только теперь до меня начало доходить. Так вот, значит, какие дела.

Я все сейчас же выложил Надежде. Про черный «опель» и про свой побег. Правда, не упомянул ни словом о Татьяне. Сказал, что живу у приятеля, но адреса не дал. Хотя Надежда и просила, чтобы обеспечить мне охрану. Я возражал: «Охрана ни к чему. Лишь привлечет ненужное внимание».

— Я вижу, ты мне не доверяешь. Это грустно, — наконец сдалась она. — Ладно, хоть следователю позвони, раз объявился. А то мало ли как повернется, подозрения могут пасть и на тебя.

Жетонов больше не оказалось, поэтому я вернулся в квартиру. Да и не имело смысла звонить следователю из автомата.

Набрал номер, который продиктовала мне Надя, и сразу почувствовал, как стала влажной державшая трубку рука.

— Ковалев у телефона, — сказали в трубке.

Я назвал себя. Глуховатый, спокойно-размеренный голос не выразил удивления, лишь вяло осведомился, где я до сих пор пропадал.

Я принялся бормотать торопливо, с поганой, заискивающей интонацией, что все эти дни проторчал у подруги. Решил отдохнуть, взял отгулы. И вот только минуту назад узнал от Надежды Витальевны, что творятся такие дела.

Мое бормотание оставили без внимания. Спросили, как у меня со временем во второй половине дня. Смогу ли подъехать, ну, предположим, часа в четыре?

Я сказал, что смогу.

— Значит, жду вас в шестнадцать ноль-ноль.

Да, я прекрасно отдавал себе отчет, меня есть за что сажать. Как почти каждого представителя нашего народа. Инспектор пробирного надзора, проверявшая наш золотой промысел год назад, вполне лояльно настроенная, сухощавая, моложавая дама на мои жалобы, что зашился, устал, барахлит здоровье, доверительно сообщала: «В Матросской Тишине будешь отдыхать. Там свободного времени много».

Ее черное пальто до пят, напоминавшее шинель, дополняло рассказы об облавах, шмонах, задержаниях. Она любила ходить по коридору по-хозяйски, широким шагом, сунув руки в карманы и топоча, как целый взвод солдат.

Все двадцать дней, пока продолжалась проверка, она пробовала подловить меня. В самых невинных вопросах под толщей спокойной и на вид вполне чистой воды таились подвохи, омуты, острые камни.

Ее стараниями я очень быстро освоил целую науку, правила которой пытался восстановить, пока ехал к следователю в вагоне метро.

Отделение милиции, куда надлежало явиться, я отыскал без особого труда. Обычное двухэтажное блочное здание, похожее на лежащую букву

«П», невысокое крыльцо, тугая дверь на пружине.

Прямо у двери, справа, за стеклянной стенкой, у пульта с телефонами, сидел дежурный лейтенант и, прижав трубку к уху плечом, что-то быстро писал. Слева тянулась решетчатая загородка. Там, в «обезьяннике», на деревянных лавках томились какие-то серые личности, по виду торговцы с ближайшего рынка. Два небритых кавказца, мужик в дутой куртке и рядом с ним похожая на матрешку от множества одежек баба.

— Я человек прямой, — бубнил мужик в куртке. — Я про себя могу сказать спокойно всякому: отец у меня чистый русский...

— А Васеньку моего все равно не трог! — перебила его вдруг с визгом баба. — Ясно, рвань?! Он пальчиком одним пошевельнет, и — чебурах вашему здоровью! И прощай! Он — Божий человек. Его Богородица любит.

— Ну так что ж мне теперь, не дышать? — протянул рассудительно мужик.

Лейтенант положил трубку и уставился на меня.

— Мне Ковалева, — сказал я.

Ковалев оказался круглощеким мужчиной средних лет с аккуратно постриженной бородкой. Обликом и одеждой — на нем были свитер и джинсы — он напоминал геолога или технаря, какими их изображали в фильмах конца шестидесятых. Первым делом он предложил мне сигарету. И разговор пошел сразу какой-то расслабляющий, беспредметный. О том, что вот батарея едва дышит и никак не наступит тепло.

— Да, я слышал, вас можно поздравить, — вдруг сказал Ковалев. — Даже мне, честное слово, было приятно узнать, что наука у нас не умерла.

И очень мягко, без нажима, стал расспрашивать о технологии, о том, как и куда мы собираемся ее внедрять и какой выделяют под это кредит.

Я отвечал охотно и подробно. Хотя не покидало чувство, что он знает все не хуже меня.

— Ну а какую роль играл Ненашев? — добрались мы, наконец, до Михалыча.

Я объяснил, что у Ненашева с прежних времен сохранились связи с руководством Комдрагмета, он помог получить лицензию и солидные кредиты под закупки сырья.

Ковалев кивал, улыбался и, как крот, без остановки копал, копал.

Вдруг стал интересоваться, где мы познакомились с Михалычем.

— Да очень просто, — сказал я, зная, что подставляюсь, но по-другому нельзя, потому что он наверняка уже навел справки. — Нас декан познакомил, когда сын Ненашева поступал к нам на факультет, а я возглавлял приемную комиссию по литературе.

И тут Ковалев впервые начал открыто валять дурака.

— Какой еще сын? На какой факультет?

Я назвал ему место, где прежде работал.

— Стоп! Ничего не понимаю. Я думал — вы ученый-металлург, а вы что же, совсем не по профилю?

Поддерживать дальше спектакль не хотелось, поэтому я попытался объяснить короче, сказал почти правду: работал у Ненашева как менеджер, организатор. Ковалев встрепенулся, должно быть, почувствовал, что упускает нить, ведущую к ларцу, в котором утка, а в утке яйцо, а в яйце игла.

— Но почему он вас, а не специалиста пригласил?

— Наверное, доверял. В наше время доверие важнее знаний.

Похоже, что тут я его обошел. Он оставил в покое Михалыча и взялся за Надежду. По той же схеме: где познакомились, как она вышла на Ненашева, какую роль играла в нашем деле?

Вдруг спросил: «А вы Корина знали?»

Я слегка растерялся.

— Ну да, виделись несколько раз.

И машинально сунул в рот вторую сигарету, хотя и от первой-то с непривычки уже кружилась голова. Просто стало не по себе под его немигающим взглядом.

— До сих пор не могу поверить, — добавил, чтобы оправдать волнение.

— Получается, на соратников и подчиненных Надежды Витальевны идет настоящая охота... А?

Я молчал. А чего отвечать? Сначала Греков,

потом Миша Корин, теперь вот Михалыч... На очереди Надя или я.

Ковалев ждал. Молчать дольше было нельзя.

— Мы разрабатывали технологию. Это все, что я знаю.

— А может, вы кому-то перешли дорогу?

— Да десяткам контор, которые гонят для переработки золотосодержащий лом на Запад и убеждают правительство, что у нас на заводах большие потери и вообще нет современных технологий.

Активность Ковалева начала слабеть. Под занавес он поинтересовался, когда я вернулся домой в день показа технологии.

Я сказал:

— Около девяти.

— Кто может подтвердить?

Я дал координаты тетки в Чехове, хотя понимал, что мать с ума сойдет, если этот товарищ позвонит раньше меня. Впрочем, как и Таня, адрес и телефон которой Ковалев тоже записал в блокнот.

«Ну и ладно, — внушал я себе по дороге к Таниному дому. — Главное, в этот раз пронесло».

Ни сил, ни эмоций ни на что другое не осталось. Я не думал о будущем, ведь ничего хорошего меня впереди не ждало. Хотелось жить минутой, тем маленьким послаблением, которое дала судьба.

Вечер стоял сизый, тихий, цвета голубиного пера. Деревья смягчились, утратили угловатую графичность, наполнились жизнью. И старомосковская улица, по которой я шел вниз от метро, дома, кованые решетки, сквозные балконы, тоже смягчили свои очертания, окутанные приглушенным теплым светом.

Войдя во двор, отыскал глазами промытое до синевы в чистый четверг окно, единственный сейчас мой приют, и с удивлением увидел: у окна стоит Таня и машет мне.

Я невольно ответил. И даже расчувствовался от сознания, что кому-то нужен.

А потом догадался: да это просто Ковалев опередил меня.

Но я ошибся. В столовой меня ждал накрытый стол, и никаким Ковалевым не пахло, только жареными грибами.

— Осторожно, не обожгись, — говорила Таня, пододвигая мне тарелку. — Где ты был?

— Меня вызывали к следователю, — стараясь, чтобы звучало спокойно, по-будничному сказал я.

А что оставалось? Ковалев мог возникнуть в любую минуту.

Таня замерла.

— Это связано с тем портфелем?

— Ты о чем? — прикинулся я, хотя понимал: невозможно забыть мое странное появление, разбитую рожу, портфель. А значит, есть опасность, что она проговорится, без умысла, невзначай, по простоте души.

— Ну с тем, который я отвозила в институт.

— Нашла событие, — хмыкнул с деланным равнодушием. И, помолчав, добавил, но уже с надрывом: — Исчез мой коллега по работе.

Теперь без пояснений было не обойтись. Пришлось рассказывать о золоте и о смертельном риске. Но ведь не только ради хлеба насущного, а чтоб науку поддержать, людей... А многим это не нравится. Многим мы поперек горла. Вот и охотятся на нас. И следователь, пользуясь несчастьем, хочет повесить дело. Поэтому просьба — ничего лишнего ему не говорить. Подтвердить только, что с прошлого четверга я находился здесь, в твоем доме.

Не знаю, поверила ли Таня до конца моим словам. Но я увидел, что оцепенение прошло, она вновь ожила, как будто я снял у нее с души камень. Даже хотела сейчас же звонить Ковалеву. Я едва отговорил: восьмой час, Ковалев давно уже дома, да и не стоит суетиться, забегать вперед, он сам объявится, когда надо.

Таня вдруг спохватилась:

— Восьмой час? А у нас ничего не готово.

Не успел я опомниться, как уже под ее руководством взбивал яйца для пасхи, а она очень быстро, умело протирала творог пестиком через дуршлаг, заливала миндаль кипятком и еще успевала заниматься тестом, которое лезло из кастрюли, мутузила его, уминала кулаками, смахивая волосы с повлажневшего лба. В промежутках, не утерпев, отщипывала кусочек: «Хочешь? Ну и зря!»

Этой ночью впервые за все девять дней я сгреб свою подушку, одеяло и потащился к Таниной кровати. Привстав, белея вытянутым лицом, она смотрела на меня.

Я подошел и, чтобы скрыть смущение, стал подбирать край одеяла, подобно мантии волочившийся за мной. Я видел, что в душе у Тани шла борьба. В конце концов, она, не проронив ни слова, подвинулась к стене и замерла, лежа навзничь, как неживая.

Я тоже старался не касаться ее. Нет, никакого полового чувства не существовало. Только желание покоя, и еще очень уж не хотелось оставаться одному в эту ночь.

На Всеношную я предложил поехать в Донской монастырь. Там рядом, на территории крематория, был похоронен отец, и я нередко заходил в Донской. Мне нравились старое кладбище, потемневшая строгая роспись большого собора и странным образом с ней сочетавшийся дух деревенской домашности, царивший в беленных известью сенцах с простыми деревянными скамьями.

Таня легко согласилась, хотя обычно ходила в ближнюю церковь.

От метро долго шли полутемной улицей. Шум

Шаболовки скоро стих. Дома отодвинулись и пропали. Повеяло свежестью, точно с полей. Чистое небо в просяной россыпи звезд открылось над головой.

Слева потянулась кирпичная монастырская стена. Ударил колокол, взлетели потревоженные галки, по стене заметались лиловые тени. Мне показалось, что сейчас раздастся дробный стук копыт, из темноты вынырнет всадник, несущий в монастырь весть об очередных войнах, голоде, бунтах, казнях, обдаст нас грязью и проскачет мимо. Но тени рассеялись, света прибавилось, показались ворота, огоньки свечей.

Нищие сидели и стояли в два ряда. Некоторые, распахнув одежду, показывали то обрубок конечности, то язвы. Гугнили гнусаво, тряся головами, юродивые. Один, задрав к небу лицо, кричал пронзительно, резко, будто ночная птица. Но никто не настырничал, не полз за тобой, не цеплялся за ноги.

В соборе, погруженном в полумрак, уже шла служба. Мы без труда нашли место, где встать. От голода и духоты чуть-чуть кружилась голова. Я чувствовал слабость, как после болезни. Все умиляло меня: голоса хора, отличавшиеся какой-то особенной чистотой, близость Тани, ее сбившийся на лоб платок и то, как она торопливо и часто осеняла себя крестом, шевелила губами, как будто училась читать.

И ничто уже не могло испортить мне настроение. Ни слепая толпа, хлынувшая за крестным ходом, когда нас с Таней чуть не раздавили в дверях, ни запахи перегара, ни пошлые реплики случайно забредших на службу людей.

Мы продвигались потихоньку через кладбище в живом ручейке свечей, полные робкой надежды. То и дело у кого-нибудь гасла свечка, и руки, и лица тянулись к тому, у кого теплился оберегаемый изо всех сил огонек.

И так, разживаясь огнем друг у друга, сбившись тесно, подобно отаре на горной тропе, мы обошли собор среди мраморных черных крестов, скорбных ангелов, фамильных склепов. Чтобы в освещенном ярко храме хор грянул навстречу: «Христос воскресе из мертвых...»

Солнечным, ясным пасхальным днем зеркально блестел во дворе асфальт и деревья уже окутывал зеленый легкий дымок, предвестник листвы. По стенам скользили слепящие желтые пятна, пылинки сновали, как мошкара, в ноздрях по-весеннему щекотало. Мы разговлялись, решив после завтрака съездить к Тане на дачу и там наведаться на кладбище, где похоронена ее семья.

В Москве из-за дороговизны хоронить было неподъемно, поэтому на деревенском погосте сначала закопали деда с бабкой, которые в последние годы и зимой перестали перебираться в город, потом теток и, наконец, Танину мать. Купленный когда-то по случаю деревенский сруб превратился в подобие родового гнезда. Теперь он, как водится, пропадал.

На вокзале в ожидании электрички тесной толпой стоял народ с тачками и тележками, с садовым инструментом. Так началось мое возвращение назад, в забытые, казалось, времена.

С натужным стоном, сапом, хрустом, руганью нас понесло в вагон. Какая-то женщина хрипло кричала:

— Ой, юбка! Юбку содрали!

— А ты не лезь! — подавали отрывисто реплики мужики, орудуя плечами, торсами, локтями. — А то орет и лезет... Дура! Зачем тебе юбка в такой тесноте?

Через час с небольшим стояния в переполненном тамбуре, где я, как мог, заслонял Таню от рюкзаков, мешков, колес, лопат, сапог, мы оказались на дачной платформе. Все здесь было такое же, как когда-то у нас, — деревянный зеленый навес, скворечник кассы, шелуха семечек, окурки, старые билеты... И мачтовые сосны вдоль насыпи на буграх, дорожки, устланные хвоей, которая так приятно пружинила под ногами, дощатые домики за заборами; и люди в обтрепанных старых одеждах, которые уже копошились на участках, и звуки радио, и запахи костра, угля; и птичий гомон, и поле на взгорке, и дальний прозрачный лес.

Таня сказала, что их дом как раз за тем полем, у самого леса. И мы пошли, удаляясь от станции, от жилья.

Дорожка раскисла от дождей, блестела маслянисто и скользила. Глина липла к ногам. Мы старались идти по обочине поля, по рыжей сухой прошлогодней траве с зеленевшими уже кое-где живыми островками.

На одном из таких островков паслась белая лошадь. Та самая, из тумана.

Но когда подошли, я увидел, что она старая, с желтизной, с яблоками по крупу.

— Представляешь, — сказала Таня с неловким смешком, — маленькой я считала, что эта лошадь охраняет поле, наш дом и лес и не уходит отсюда никогда.

В доме стояла промозглая стылая сырость, как в погребе, и пахло прелью. Таня отправилась за водой, а я занялся печью. Мы решили перекусить, а потом, взяв грабли и лопату, двинуть на кладбище.

Я принес из сарая дрова, настрогал тонких длинных лучинок, которые должны были просохнуть и заняться, пока газеты догорят. А уж от лучинок пойдут полыхать и поленья.

Так все и вышло. Печь загудела, по дому поползло уютное тепло. Стали потрескивать, оживая, застывшие за зиму половицы и стены. Запахло деревом. Дом понемногу начал распрямляться, задышал.

На кладбище мы провозились до сумерек. Могилы были сильно запущены, заросли травой, торчавшей рыжими жесткими будыльями. Я подкапывал корни, Таня выдергивала высохшие стебли сорняков и отрясала с корней землю вместе с шустрыми муравьями, червями, белыми личинками, которыми кишела здешняя земля, уже проснувшаяся после зимней спячки.

Потом мы поправили оплывшие холмики и покрошили сверху пасху, кулич, яйца. Несколько воробьев и синичек тут же порхнули на ветки ближайшей осины и стали ждать, пока люди уйдут.

На прощание Таня присела на корточки и зажгла свечку. Я понял, что ей хочется побыть одной, и тихо отошел.

Со стороны она походила на подростка в нелепом, вздувшемся на спине горчичном полупальто. До меня долетал ее шепот. Она разговаривала со своими, может, рассказывала обо мне.

Когда возвращались в деревню, похолодало. Из овражистых низин, из леса пополз туман. Лес чернел вдоль дороги сплошной стеной с неровными краями. И за этой стеной что-то ухало, вздыхало и шуршало, словно тайком подбиралось к дороге и следило за нами в надежде воспользоваться первым неверным шагом. Таня взяла меня под руку и прижалась ко мне.

Наконец впереди замаячил свет. Нас ждал теплый дом с запотевшими окнами, и еда, и постель, в которую мы ляжем вместе, без суеты, без лихорадочного нетерпения, а совсем по-семейному, чтобы ночью любить и согревать друг друга.

...Возвратившись в город, я решил сразу сделать две вещи: избавиться от золотых слитков, которые так и лежали на работе, в сейфе, и позвонить Наде.

Я встретился с Хусаном на Тверской, у «Подарков». Сказал, что есть желтизна килограмма на полтора, надо ее сдать, и как можно скорее.

После встречи с Хусаном позвонил Наде. Она как будто только и ждала моего звонка. Сразу же понесла:

— Хоть бы предупредил! А то опять пропал с концами...

По правде сказать, подобный тон очень быстро заводит меня. Но в тот раз я сносил все с самым кротким терпением.

Наконец, она сбавила обороты.

— Даже похристосоваться не приехал, — проговорила хотя и с обидой, но и с намеком на примирение.

Я тут же плавно переменил тему. Рассказал ей о встрече со следователем. Наде явно понравилось, как я отвечал на допросе.

Осталось сказать ей о главном, из-за чего я, собственно, и звонил.

— Да, вот еще что... — Я на секунду запнулся, подыскивая слова. — Хочу предупредить, чтобы ты знала. Когда придет кредит и мы разберемся с деньгами, я выхожу из дела.

Оказалось — не так уж и страшно. Я перевел дух.

— Алло, ты слышишь меня?

Надя молчала. А ведь так хотелось, чтобы она согласилась. Чтоб сама и по доброй воле отпустила меня.

— Алло! Надя! — кричал я.

Но когда, не дождавшись ответа, хотел бросить трубку, до меня донеслось, словно эхо из какого-то дальнего далека:

— А как же я?

Готовый ко всему, такого вот кроткого всхлипа я никак не ожидал. Я ощутил себя последней сволочью. Мелькнула внезапная мысль о ребенке, который, естественно, был просто жалкой фантазией, поскольку больше не упоминался. Действительно, как же она?

Мне захотелось оправдаться и в то же время ободрить и успокоить ее, дать понять, что, пока существует опасность, я буду рядом. Но что-то остановило меня.

— Не знаю, — сказал я с трудом, не узнавая себя. — Ты сильная. Раньше ты делала все сама. А я не могу. Я кончился. Все. Финита.

— Скажи лучше, что просто обосрался.

Сентиментальные рефлексии сразу пропали. С такой Надей я готов был немедленно расплеваться. Я стал зол и спокоен.

— Тебе виднее, — холодно отрезал я.

Хусан объявился в четверг и сказал, что нашел покупателя. Договорились, что я подъеду к пяти к метро «Коньково»: Хусан жил в общежитии недалеко. Покупатель обещал быть в начале шестого.

Моя золотая эпопея стремительно шла к финалу. Оставалось сдать слитки, часть денег разделить между Кузьмичем и Хусаном, чтобы им на какое-то время хватило, дождаться кредита, рассчитаться с Надеждой и все — прости-прощай.

Сумма, которую я рассчитывал получить, плюс мои накопления... Этих средств должно было хватить на несколько лет вполне обеспеченной жизни. Я мог уехать из города, сделаться дачником, развести огород, заняться садом. И даже попробовать что-нибудь написать. Ведь и придумывать ничего не надо — вот он, материал, под ногами.

Без пяти пять я стоял возле ярмарки, у метро, и ждал Хусана. Заканчивался день. Из ближайших закусочных и павильонов тянуло хот-догами, шашлыками и прочей пахучей съестной дрянью. Торговцы с ярмарки, впрягшись в тележки с тюками, как кули, разбегались по близлежащим дворам.

Я то и дело поглядывал на часы. Меня даже слегка лихорадило от волнения. «А вдруг что-то случится и он не придет?»

Но Хусан оказался точен, как всегда. Он появился ровно в пять. От него я узнал, что встречу с покупателем назначили у леса, чтобы избежать посторонних глаз.

— Человек-то надежный?

— Два раза уже с ним имел дело, — ответил Хусан. — Он — мой земляк.

Но когда впереди показалась опушка, к которой примыкала невзрачная гостиница за железным забором и какие-то проржавевшие гаражи, у меня стало портиться настроение. Место сразу же не понравилось мне. Все-таки речь шла о довольно приличной сумме.

Я попробовал успокоить себя. Пройдет совсем немного времени, и все завершится. Я забуду благополучно о своих страхах, о слитках, о желтом металле.

К тому же мы были на опушке не одни. Из леса, окутанного зеленой дымкой, доносились голоса, мелькали сквозь ветви и молодой подлесок мамаши с колясками, бабульки.

— А вот и он, — услышал я голос Хусана и шум приближающейся машины.

Я оглянулся.

Перекрывая путь к ближним домам, у тротуара притормозил черный «опель».

Он был настолько невозможен здесь, что выглядел плодом моей больной фантазии. Вот так, просто, буднично сходят с ума. Я даже не попробовал бежать, когда у «опеля» открылись передняя и задняя дверцы и два каких-то мужика в одинаковых кожаных куртках по-деловому заспешили к нам.

Я смотрел на них, как в гипнозе. Они подошли и взяли меня с двух сторон крепко за запястья. С детских лет никто меня так не брал.

— Не дергаться. Понял? А то будет хуже.

К нам подлетел Хусан с выпученными глазами:

— Вы что?! Где Рашид? Я хочу говорить с Рашидом!

Мои конвоиры переглянулись, мгновенно решив, что с меня хватит и одного. Второй остался разбираться с Хусаном. А меня повели к машине.

Стоило мне почувствовать, что хватка ослабла, как я стал упираться. Точно бычок, который чутьем понимает, что его волокут убивать.

Все мысли исчезли. Животная нутряная тоска охватила меня.

Конвоир оказался сильнее.

— Я же ясно сказал тебе, падаль... — бормотал он вполголоса, чтобы не привлекать внимания, со свистом втягивая воздух сквозь плотно стиснутые зубы.

Он дотащил меня до машины, открыл заднюю дверцу, и я очутился внутри.

Бессчетное число раз в ночных кошмарах я так и этак проигрывал эту сцену. Но то, что увидел, окончательно раздавило меня.

Внутри «опеля» сидела Надя.

Все невозможные и страшные явления валились сейчас в кучу, как в бреду. Но среди бреда вдруг мелькнула ясная, трезвая мысль: «Все. Конец».

— Не ожидал? — после длительной паузы спросила Надя.

Я хотел ответить, но понял, что не могу, нет сил. Да и зачем?

— Ну, раз не хочешь говорить, отдай мне их молча.

— Что? — глухо выдавил я.

— Давай не компостировать мозги. Слитки, которые ты украл у меня.

— Ты что же, с того самого вечера, когда я повез слитки Михалычу?.. Значит, это твоя идея?

— Естественно. — Надя засмеялась. — Ведь мы затевали серьезное дело. Я должна была знать, чего от вас всех ожидать.

— Ну и что, узнала?

— Вполне. Видишь, из всех в живых остались только двое: ты и я. — Надя придвинулась плотнее и положила руку мне на колено. — И еще — ты будешь отцом моего ребенка.

— Какого еще ребенка? — истерически выкрикнул я, отстраняясь.

— Все подтвердилось. Я жду ребенка. Ты будешь его отцом.

«Но это невозможно!» — чуть не вырвалось у меня.

— Я оставляю тебе жизнь, — зазвучал опять Надин голос. — Ты получишь приличные деньги. Мы сможем уехать куда захотим. Ведь ты об этом мечтал?

И только тут до меня наконец дошло, что уготовила мне она. Я потеряю все, чем дорожил, а взамен получу ее, Надю. На веки вечные. До конца.

РАССКАЗЫ

ПО СЛЕДАМ ГРАФА МОНТЕ-КРИСТО

Море лежало прямо через дорогу, за бетонным парапетом, в двух шагах от дома, который снимала семья Робинсонов. Серый пустынный пляж полого спускался к воде, с тихим шорохом осыпалась под ветром галька. Пляж в этом месте считался диким. Лишь редкие парочки, ищущие уединения, забредали порой сюда да в выходные пестрели зонты рыбаков.

Когда темнело, рыбаки зажигали возле зонтов маленькие лампы, и тогда извилистая цепочка огней тянулась до самого пирса. И там обрывалась. Потому что по соседству с пирсом была уже совсем другая жизнь. Белели воздушные здания гостиниц, золотой полумрак затоплял увитые цветами пабы и кафе, и уличные музыканты у фонтана в кошачьем визге скрипок дудели в дудки, ударяли в барабаны, а сумасшедшая какая-нибудь старуха в расстегнутом пальто на рыбьем меху, справляя, как Золушка, свой звездный бал, кружилась перед ними в вихре бумажного мусора, вертя синюшными руками над головой.

И еще всегда после отливов поклонники кладов и древних монет с металлоискателями бродили вдоль дикого пляжа, присаживаясь то и дело на корточки, и ковыряли гальку совком. Нередко к ним присоединялась и Светлана Робинсон с детьми. А случалось, и я, если в субботний день накануне бывал приглашен к Робинсонам в гости.

Дом Робинсонов находился в получасе ходьбы от меня. Но в такие дни обычно Робинсоны сами в полном составе заезжали за мной.

Из машины сначала тяжело плюхался на тротуар Рекс, старый ирландский сеттер, потом прыскали в разные стороны, разнося воробьиный галдеж, Катя, Пит, он же Петя, и Аннушка. И наконец вслед за своим мужем Полом появлялась, как всегда немного растрепанная, длинноносая Светлана и смотрела на меня возбужденно-радостно, почти с родственной теплотой.

Визг Аннушки, которую Пит успевал исподтишка пнуть ногой, сопровождал появление взрослых. Аннушка падала на Рекса, пес, пукнув спросонья по-стариковски, пробуждался от равнодушного забытья. К нему возвращался напрочь, казалось, утраченный охотничий инстинкт. Толстая чайка, сидевшая на ярко-красной почтовой тумбе, сразу же привлекала его внимание. Рекс припадал к земле и, по всем правилам охотничьего искусства, начинал подбираться к ней.

— Darling[1], ты хочешь загнать маму в могилу? Ты хочешь этого, наглец такой?! — подавала тут голос Светлана. — Пол! Пол! Ну что же ты стоишь?!

Долговязый Пол, только-только разгладивший бородку и доставший уже из кармана жилетки часы на золоченой цепочке, чтобы, солидно щелкнув крышечкой, начать со мной традиционный неторопливый разговор, втягивал шею в плечи со словами: «Не беспокойся, дорогая».

Через мгновение взятый на поводок Рекс опять погрузился в смиренную дрему, Пит, получив затрещину, держал Аннушку за руку, как благовоспитанный брат. Семейство, разбившись на пары, торжественно приближалось ко мне.

— Ой, извини, мы опять опоздали, — начинала привычной скороговоркой Светлана, косясь на входную дверь двухэтажного викторианского особнячка с надписью «Holiday apartments», в котором я в то время квартировал.

Я знал: она не могла уехать, не заглянув хотя бы на минутку ко мне. Любопытство она прикрывала невиннейшими предлогами — то вдруг ей срочно приспичивало в туалет, то — воды попить,

---

[1] Дорогой *(англ.)*.

то — кому-нибудь из детей заклеить пластырем полученную в пути ранку.

И тут начиналось!

— О God! Как же все-таки тесно у тебя, — всплеснув руками, каждый раз скорбно роняла Светлана с порога, окидывая взглядом все мое жилище — кровать, телевизор, журнальный столик, два кресла, плиту.

Я обиженно молчал. Комната моя казалась мне верхом удобства. Коврики, бра на стенах, каждую неделю свежее постельное белье. К тому же я мог готовить, не вставая с кресла или лежа на кровати, если вдруг возникало желание лежать. Все рядом, все под рукой.

— Здесь что, не работает отопление? — Светлана поеживалась, не унимаясь. И сразу, будто спохватившись, добавляла: — Я понимаю — ты экономишь. У тебя не хватает денег. Ведь правда?

Упаковка обычных яиц, случайно забытая на столе, повергала ее в смятение.

— Ведь это же яйца от курицы, которая живет в неволе! — бросалась втолковывать мне она. — Пойми, бедняжка никогда не видела зеленой травки, не выгребала из навозной кучи червячка. И даже напиться из лужицы после дождя ей не удастся ни разу — до самой смерти! — Что-то похожее на приглушенные всхлипы вырывалось из груди Светланы. Жалость к несчастной птице душила ее. — Да, но яйца вольных кур стоят, конечно, намного дороже.

Назойливые ее расспросы о том, как я моюсь

без душа в общей ванне с двумя кранами, из которых, по английской традиции, течет раздельно горячая и холодная вода, я старался вообще оставлять без внимания. Потому что, признаться, всегда опасался подцепить в этой ванне грибок или СПИД. Ведь в наличии были, по-моему, все основания. В соседней комнате квартировал студент-индус, устраивавший раз в неделю шумные вечеринки. И всегда с новыми девицами. Еще через дверь от меня проживал какой-то желатиновый, бескостный мексиканец с вертлявой женственной походкой и влажным взглядом из-под нависших дегтярных волос. Однажды перед сном я столкнулся с ним ненароком в коридоре. Извинившись, он тронул меня нежно кончиками пальцев за рукав халата и спросил, не одиноко ли мне вечерами в чужой стране...

Словом, я вставал в пустую ванну в резиновых тапочках, в умывальнике смешивал воду и поливал себя из кастрюльки, которую приносил с собой в целлофановом пакете вместе с мылом и полотенцем.

Что же касается денег, то получал я здесь по нашим меркам более чем достаточно. Светлана знала это не хуже меня. И куда уходили все заработанные деньги, тоже знала. Потому что и сама родилась и жила в Москве, пока восемь лет назад, работая переводчицей в Интуристе, не вышла вдруг замуж за Пола и не отъехала сюда, на Британские острова.

Итак, предположим, что субботний день складывался удачно и у синего «форда» Робинсонов, выпуска восемьдесят второго года, не отказал на полпути мотор. Тогда после семи — десяти минут езды радостно оживленные, мы входили в гостиную двухэтажного маленького дома, который Робинсоны снимали. Я вручал детям небрежно коробку конфет, купленную в дорогом магазине.

— Пол! Пол, посмотри! Вот он, русский характер! — кричала растроганная Светлана. — Конфеты от Джона Льюиса на последние гроши. Спасибо, родной! — И, подбежав, порывисто, бурно обнимала меня, обдавая мускусным запахом бабьего пота.

Обед у Светланы бывал обычно не совсем готов. В мойке на кухне высились горы грязной посуды. В общем, свойский, привычный бедлам.

— Как в Москве, — замечал я вслух с чувством приятной ностальгии, надевая по просьбе Светланы фартук, чтобы ускорить дело.

Шумная суматоха праздников моего детства вспоминалась мне в эти минуты. Я ощущал себя вновь со своими.

Смерчем носились по дому, прыгали, как на батуте, на диване, на креслах дети, измазанные шоколадом моих конфет; стонали жалобно хозяйские пружины, на желтом плюше обивки оставались маленькие темные пятерни.

— Ну и пусть поиграют немного! — кричала мне с нервным напором Светлана, стараясь перекрыть детский гвалт. — У них тоже есть право на отдых. — И, усмехнувшись со значением, добавляла: — Хозяева и так дерут с нас сумасшедшие деньги. Износ мебели входит в стоимость билета.

Только Пол, накрывавший на стол, среди общего мельтешения и крика хранил невозмутимое спокойствие, изредка бормоча себе под нос:

— Здесь, по-моему, все-таки не Москва.

Я уж было решил, что нет события на свете, которое смогло бы вывести Пола из себя. Но убеждение мое сильно поколебалось, когда я увидел однажды, как Пол положил прибор для десерта рядом с вилкой. Покойницкая бледность вдруг поползла по его лицу. На лбу выступила испарина.

— Боже, я все забыл! — прошептал Пол потрясенно. — Все забыл! — повторил громче, с глубоким отчаянием оглядывая гостиную, где Робинсонам принадлежали лишь книги, фотографии да старенькая балалайка, висевшая на стене. — Все забыл! — И ударил тщедушным кулачком по столу так, что звякнула посуда.

Между тем работа на кухне кипела. К семи мы артельно заканчивали приготовления. И вот уже в центре стола в маленькой вазочке появлялись живые фиалки, загорались голубые свечи, которые Пол в конце вечера торжественно тушил особым медным колпачком, доставшимся ему в наследство от прабабки. Мы усаживались за стол.

На обед подавали обычно что-нибудь экзотическое — суп из авокадо с кубиками льда, например, свежую форель... Светлана заводила светский разговор о новой выставке в Королевской академии или о том, как последний раз они с Катей ходили на балет в «Ковент-Гарден».

— Цены там, конечно, безумные, — глотнув розового анжу, светским тоном роняла Светлана. — Но что ж поделаешь, если Катеньке это необходимо. Она у нас раз в неделю посещает балетную школу. — Тут Светлана многозначительно смотрела на меня. — Кстати, в «Ковент-Гарден» можно попасть и по входному билету. Попросить билетершу. Иногда они разрешают в партере на ступеньках посидеть. Сказать: «Я из России. У меня мало денег. Но я безумно люблю балет». А чего гордиться! Со ступенек вид не хуже, чем из кресла. Только надо очень-очень попросить.

Стараясь как можно изящнее орудовать вилкой, ложкой и ножом, я пропускал мимо ушей невинные словесные тычки и шпильки, которые отпускала по-свойски в мой адрес хозяйка. Свечи, суп из авокадо, форель, хорошее вино — все это стоило того, чтобы не очень заноситься и сохранить Светланины обеды в памяти навсегда.

Но все равно мне было далеко до Пола, который умудрялся посадить на вилку за раз кусочек форели, зеленый горошек, цветную капусту, так что у него получался изящный маленький букет.

Перехватив мой восхищенный взгляд, Светлана склонялась ко мне, чтобы шепнуть с неподдельной гордостью:

— Смотри, смотри... Это и есть настоящий British middle class.

...Часов в девять-десять Робинсоны отправляли детей спать. Я поднимался вместе с Полом наверх, где возле спален находилась ванная с туалетом. Я видел, как, сидя на кроватках в длинных ночных рубахах, дети молились перед сном. Пол целовал каждого в лоб или в льняную встопорщенную макушку, потом, присев к Кате на постель, тихо читал ей на сон грядущий сказку о Синдерелле.

Катя закрывала глаза. Легкая счастливая улыбка появлялась на ее лице. Может быть, она слышала, как карета из тыквы шуршит по гравию садовой дорожки, чтобы увезти ее в неизвестную чудную жизнь. А может, она уже танцевала на балу с принцем. Кто знает...

Когда я возвращался в гостиную, Светлана, завернувшись в плед, сидела на диване со стаканом. Догорали свечи, под напором ветра чуть слышно дребезжали стекла в окнах, шевелились занавески. Море гулко ухало, ударяясь в бетонную стену набережной. Из крайнего окна было видно, как серебрились, взлетая над парапетом кипящим веером, волны, от которых под утро оставались горстки йодисто пахнущих водорослей и голышей на асфальте.

Настроение у Светланы успевало измениться. В такие минуты ей уже казалось, что вот-вот приливная волна, перекатившись через парапет, накроет их дом с мимолетным и хрупким его уютом.

— Нет, ты не можешь себе представить, каково было Полу после Оксфорда восемь месяцев отмечаться на бирже труда, — сбивчивым, задыхающимся голосом вдруг говорила она, — в очередях с наркоманами, со всякой пьянью... Ой, я просто не могу! — неожиданно вскрикивала Светлана, разражаясь тихими рыданиями.

По опыту прежних визитов я знал, что значат эти рыдания вперемежку с рассказами о внезапно умершей профессорше, которая в Оксфорде опекала Пола, и цепи подлейших интриг, в результате которых Пол очутился не в Оксфорде, а в этой дыре. Да, да, блестящий, страшно талантливый Пол, автор книги о древнерусских летописях, хранящихся в оксфордской библиотеке, стал простым преподавателем русского языка в Политехнике.

— И даже это было для нас тогда великим счастьем... — переходила на шепот Светлана, глуша слезы и поглядывая, не спускается ли по лестнице муж.

Но дрожи в голосе она не могла унять. Обхватив руками колени, она подтягивала их к груди, словно пыталась согреться.

Наконец к нам спускался Пол. Он включал телевизор. Они со Светланой любили смотреть «Алло-Алло!» — многосерийную английскую комедию о французском Сопротивлении. В течение часа каждую субботу французы и немцы на экране состязались во взаимном беспросветном дебилизме. Пол от души смеялся, потирая руки. Светлана неестественно громко вторила ему: «Хи-хи-

хи!» — и, повернувшись ко мне, в промежутках упорно шептала:

— Если со мной что-нибудь случится, Пол и дети погибнут. Он такой неприспособленный к жизни, наивный. Знаешь, ведь он женился на мне невинным. Да, это я тогда расшевелила его. — Тут Светлана повышала голос: — Правда, darling?

— Что ты сказала, дорогая? — рассеянно переспрашивал Пол, не отрывая взгляда от экрана.

— Я говорю, что ты не знался с женщинами до тех пор, пока не встретил меня. Представляешь?! — вновь оборачивалась Светлана ко мне. — Он сохранял чистоту по убеждению, такой цыпленок. Естественно, он ничего не понимает в жизни. Не понимает, что такое страсть, тоска. Не понимает, что такое Россия.

— Россия — страна без будущего, — глухим эхом сейчас же отзывался Пол.

Досмотрев до конца «Алло-Алло!», он снимал со стены балалайку. Помню, я был глубоко потрясен, когда узнал, что Пол умеет на ней играть. Я долго не мог прийти в себя. Ведь даже внешне балалайка плохо сочеталась с немного вытянутым, холодновато-неподвижным лицом Пола, галстуком, белой рубашкой. Несоответствие лишь усиливалось, стоило Полу начать играть.

— «Эх, милка моя, шевелилка моя, сама ходит, шевелит...» — бесстрастно и чисто выговаривая слова, выводил Пол. При этом женственно узкая его рука зависала и билась над струнами.

— Ну убей меня теперь, убей! — вдруг срывалась с дивана и кричала мужу Светлана. — Возьми топор и — хря-ясь! Или ты слишком культурен для этого?.. Нет, ты мне скажи!..

Я вставал уходить. Чуть не сбивая меня с ног, Светлана с разбегу бросалась мне на шею, тыкалась мягкими губами мне в лицо.

— Ведь ты не оставишь меня?! Завтра будет отлив. Мы пойдем с утра к морю. Не надо, не смотри на Пола! — Горячими, шершавыми ладошками она поворачивала к себе мое лицо, вакхически изгибалась, прижимаясь ко мне. — Пол завтра уедет. (Здесь обычно упоминались библиотеки Лондона или Оксфорда, деловые встречи или родной город Пола — Манчестер, в который Светлана из принципа старалась не выбираться ни при каких обстоятельствах.)

Даже когда в Манчестере умерла столетняя родственница Пола, Светлана наотрез отказалась ехать. Мне она объяснила, что слишком хорошо знает всю эту чудную семейку.

— Будут сидеть и молчать за столом, потому что все ненавидят друг друга. Могу поклясться, только кончится кремация, кто-нибудь из них обязательно скажет: «Ну вот, теперь можно размяться и выпить чего-нибудь крепкого». Нет, я на такие процедуры не езжу! Пусть думают обо мне что хотят. Мне плевать! Лучше с утра я пойду с детьми к морю. Когда будет отлив. — Тут она обращалась ко мне: — Ведь и ты пойдешь с нами?

Все в этом доме было так привычно, так до боли знакомо, что мне и самому, по правде, не хотелось уходить. К тому же из опыта прошлых визитов я знал, что спорить со Светланой бесполезно. И я оставался.

Добившись своего, Светлана обычно слабела и тихо опускалась на ковер. Мы с Полом брали ее под мышки. Бескостная, обвисшая, она напоминала тяжелый мешок. Мы тащили ее по ступенькам наверх, а она, то и дело приоткрывая глаза, мутно смотрела на нас и выдувала губами брезгливое «фу-у-у».

Потом Пол приносил постельное белье, я стелил себе на полу на матрасе, придвинув его поближе к электрическому камину. Ночью я спал, как в детстве, покойно и сладко. Казалось, кто-то с материнской нежностью гладит меня по лицу влажной теплой рукой. Это Рекс, улегшись рядом, лизал мне щеку языком.

Утром первым уходил из дома Пол. Часов в восемь сверху тихо спускались дети и с мышиным шуршанием начинали искать на кухне, в холодильнике и в шкафах остатки вчерашнего десерта.

К девяти появлялась и Светлана с запухшим сизым лицом, но уже деятельная, оживленная, не помнившая о вчерашнем ничего. Мы наскоро пили чай и отправлялись в поход.

В туманной дымке открывался нам пустынный берег. Зеленовато-свинцовое море отступало, обнажались прибрежные заплесневелые валуны, над которыми с базарным криком, растопыривая крылья, бились за место под солнцем чайки.

В расстегнутом плаще, в платке, свалившемся на плечи, Светлана шла по-мужски размашисто впереди. Ветер трепал ее жидкие светлые волосы. На голове у Светланы были наушники, в руках она держала металлоискатель. Необычайно посерьезневшие дети с совочками семенили послушно за ней. Даже падали они, споткнувшись, на гальку в полной тишине, боясь отвлечь мать.

Если в наушниках раздавался писк, Светлана замирала. Сейчас же вслед за ней делал охотничью стойку и Рекс. Светлана начинала осторожно водить плоской тарелкой металлоискателя над заветным местом. В глазах ее лихорадочно загорался безумный огонек надежды.

Присев на корточки, дети не медля принимались совками разгребать на том месте гальку, рыть песок. От спешки и усердия под носами у них становилось мокро. Хотя чаще всего причиной общего переполоха оказывался ржавый гвоздь, шуруп или оброненная кем-нибудь случайно мелкая монета.

Единый горький вздох вырывался тогда из груди у детей и Светланы. Передохнув немного, справившись с расстройством, мы шагали дальше.

Шипело море, с тихим шорохом перебирало, перекатывало гальку. Стойкое чувство, что все это было уже в моей жизни когда-то, не покидало меня. Голый по пояс старикан в соломенном брыле, в матросских, подвязанных сеткой клешах, выныривал вдруг из туманного морока, пристраивался рядом. Широкие ступни его, нечувствительные к боли, при каждом шаге крепко пожимали гальку и песок, цветом напоминавший серый прах изживших жизнь на этом взморье поколений.

Ну да, этот искатель кладов из моего детства служил сторожем самой дальней на косе рыбацкой бригады. Фамилия его была Стеблина. Серый от пыли, с поникшими усами, он мог по целым дням не выпускать из рук лопату. Он зарывался в почву, как слепыш. Кучи песка и земли, просеянных сквозь сито, росли день ото дня на берегу и в степи за станицей, в которой жили мои бабушка и дед.

В войну Стеблина попал в плен, в сорок четвертом был освобожден, потом сидел у наших. И, может быть, поэтому долго ходили по станице слухи, что со Стеблиной не все чисто. Одна женщина, помню, рассказывала, как проснулась раз ночью и видит: раскрылась, распахнулась перед нею хата, луна идет по небу, скрипит колодезный журавль и слышно — кто-то едет на телеге и лошадей честит, такой гадюка... Кожа на лошадях трещит, в телеге полно золота и человечьих черепов, а за возницу — старый арестант Стеблина.

В море старик не выходил: рыбаки считали, что проку от него мало. Но всегда с рассветом, когда под хрипловатое, на выдохе: «Раз с горки!

Еще трошки! А ну еще!» — хлопцы тянули к воде байды, он сидел на скамейке у дверей бригадного дома, охал вместе со всеми, покрикивал, помогал.

К вечеру рыбаки заканчивали дела и на мотоциклах уезжали в станицу. Под навесом бригады оставался только сторож. В это время я и любил наведываться к нему. И, конечно, Стеблина не мог скрыть радости при моем появлении.

Слабость была у старика. Особенно ненастными, черными вечерами, когда мучил радикулит, свет фонаря пугливо жался к стенам, и, верно, грезилось в такие вечера Стеблине, что и сама бригада, точно заброшенная байда, пошла уже гулять и прыгать по волнам.

Он сидел за длинным струганным столом, раскинув локти в стороны. Донышко жизни все яснее просвечивало в нем.

«Майстра потянула... — чутко вскидывал голову, оживал старик от звука моих шагов. — Теперь будет гулять три дня. Такая ее квартира».

Море, недавно еще ленивое, пропитанное синевой и до того прозрачное, что хоть лови рукой в песке на мелководье усатых прыгучих креветок, встрепенувшись, начинало раскачиваться вслед за ветром в привычном танце, понемногу сатанея. Скрипуче вторили ему оконные рамы и двери в бригаде.

Старик поглядывал на меня нефритовыми, тусклыми от постоянного созерцания норовистого моря глазами, закуривал, садился поудобнее и приготавливался наговориться всласть.

«Ну что, пришел дальше про Монте-Кристо слухать?»

Удачливый искатель сокровищ сопровождал Стеблину всю жизнь. Он мог рассказывать роман страницу за страницей, как по писаному. Лицо его становилось торжественным.

«У Дантеса не оставалось сомнений, — откашлявшись и приосанившись, начинал старик. — Клад был здесь. Дантес схватил сундук за ручки, но не осилил, бросил. Тогда он решил открыть сундук, но старые замки все были крепко заперты. Дантес не думал долго, сунул острый конец кирки между стенкой сундука и крышкой, налег со всею силою, крышка не сдержалась, треснула, замки слетели, и сундук отворился. Дрожь охватила Дантеса. Он не мог верить глазам. В сундуке было три отделения. В первом лежали золотые червонцы, во втором — слитки золота тяжелого веса. В третьем Дантес захватил жменю алмазов и жемчугов, но не смог удержать, сколько взял. Камни посыпались у него с рук и застучали друг о дружку, как градины о стекло. Дантес вскочил. Он стал почти что ненормальным. Он был один, совсем один рядом с таким богатством. Страсти разрывали его. Он провел страшную и сладкую ночь. Теперь он знал, что надо делать и как распорядиться тою силой, которую дал ему этот клад».

Через неделю желатиновый мексиканец, постучав ко мне в дверь ранним воскресным утром, сказал, что меня просят к телефону. Звонила

Светлана. Срывающимся голосом, без всяких предисловий, она принялась умолять меня немедленно прийти. Со сна я ничего не понимал, переспрашивал, бормотал невнятицу. Задушенный спазмами Светланин крик, прервав меня, отчаянно забился в трубке. Я должен был отбросить все и сейчас же, немедленно, на автобусе, на велосипеде, бегом...

«Что-то случилось с детьми, — прорезалась у меня наконец первая здравая мысль. — А Пол, как всегда, в отъезде». И вот заспанный, небритый, с незавязанными шнурками, я пустился бежать по залитым солнцем сонно-уютным улицам городка.

Владелица цветочного магазина, выставлявшая на тротуар свой товар, от столкновения со мной выпустила из рук горшок с красной геранью. Седая леди в соломенной шляпке, крутившая педали велосипеда, вскрикнув, вильнула рулем и снесла лоток с фруктами у входа в овощную лавку.

Словно бы заразившись от Светланы, я вносил беспорядок и панику в тихую мирную жизнь. Казалось уже, что не только люди, но и островерхая, подкопченная временем церковка, черепичные крыши, белые, розовые, голубые фасады старинных домов — весь городок провожает меня недоуменно испуганным взглядом. Я чувствовал неловкость и досаду, но ничего не мог с собой поделать, утешаясь привычно одним: «Наплевать!»

И вот в конце улицы мелькнул краснокирпичный игрушечный домик Светланы с кованым фонарем у входа. Предчувствия не обманули меня.

Несмотря на назойливые звонки, никто не открыл мне дверь. Бутылки с молоком стояли на крыльце, там, где оставил их молочник. От отчаяния я взялся за медную ручку и, потянув ее вниз, резко толкнул дверь. К моему изумлению, она оказалась не заперта.

Я зашел в дом. Он был пуст. На полу в гостиной валялись красные колготки и курточка Пети. Впору было подумать о духах, привидениях, НЛО... Но тут взгляд мой машинально уперся в окно, выходившее во двор, и я буквально замер.

Посреди зеленой лужайки, на которой в солнечные дни семья Робинсонов любила пить чай, под цветущей магнолией чернела широкая безобразная яма. Светлана и Катя (торчала только ее голова) орудовали в ней. Лица их были серы от пыли. Петя и Аннушка сидели на корточках у края ямы и руками, комок за комком, тщательно перебирали свежевскопанную землю.

На голос мой Светлана не отозвалась. Работа, похоже, ослепила и оглушила ее. В туго повязанной на голове косынке, в желтой майке она была похожа на тех тружениц, которых так любили возводить на пьедестал в нашей стране с конца двадцатых. По краю ямы лежали в рядок кости и человечьи черепа.

Оказалось, что в тот день дети, увлеченные поисками кладов, решили начать раскопки прямо во дворе, пока Светлана еще спала. Так был обнаружен нежданно-негаданно первый скелет.

— Дети, естественно, прибежали ко мне, — пытаясь смирить частившее от работы дыхание, через минуту рассказывала мне Светлана. — К тому же среди костей они нашли еще вот это. — На Светланину ладонь легли две небольшие позеленевшие монеты. — Семнадцатый век. Правление Карла II, — с нескрываемым торжеством сказала она.

Я смотрел на монеты не отрываясь. Грезы детства нахлынули вдруг на меня. Не рассуждая больше ни секунды, я прыгнул в яму и почти вырвал у Кати лопату.

До темноты мы перекопали всю лужайку, выкорчевали весь кустарник и цветы. Пять монет с профилем Карла II — таков был итог. Признаться, он разочаровал меня.

На другой день я уехал по делам в Лондон. И только в среду нашел время, чтобы позвонить Светлане. Телефон Робинсонов молчал. Тогда я решил набраться нахальства и наведаться к ним без звонка.

Еще издали я увидел, что у калитки Робинсонов торчит какой-то деревянный шест с табличкой, очень напоминавший те, что появляются у домов, выставленных на продажу. Подойдя ближе, я прочел: «Внимание! Входить запрещено!»

Я не знал, что и думать, хотел обратиться в полицию. Но пожилая соседка Светланы, возившаяся у забора со своими розами, пришла мне на помощь.

— А вы что, ничего не знаете? — спросила она

и выпалила: — Это такой ужас! Нам всем теперь страшно тут жить! — Веснушки поблекли на ее сухощавом добропорядочном лице. — Вы можете подождать минутку?

Скоро она вернулась со свежим номером местной газеты. В заметке «Дом на чумном захоронении» я прочел, что семья неких Робинсонов обнаружила в саду возле дома, который снимала, могильник. В нем лежали тела горожан, скончавшихся от бубонной чумы в 1665 году. В статье говорилось также, что семья — муж, жена и трое детей — помещены в госпиталь на обследование, потому что крысы, обнаруженные в подвале дома, могут быть до сих пор смертоносными разносчиками чумы.

Я вспомнил Робинсонов и всю эту невеселую историю в Москве, в конце тошнотворной гнилой зимы, не оставившей, казалось, ничего, кроме собачьего дерьма, обрывков пожухлой бумаги, железного и асбоцементного лома, проклюнувшихся из-под снега, нищих, запрудивших грязные переходы метро, да крыс, появившихся в большом количестве в городе.

Перед самым отъездом из Англии я получил от Светланы письмо на бланке госпиталя королевы Елизаветы. «Что за проклятие такое преследует нас?» — писала мне Светлана.

Ну что я мог ответить ей?..

БУДЬТЕ КАК ДОМА

Давным-давно, вечность тому назад, когда зимой я носил синие спортивные штаны с начесом, а летом в пионерлагере гонял мяч в сатиновых черных трусах до колен, страстно мечтая стать похожим то на Эдуарда Стрельцова, то на Понедельника, они вдруг ворвались в мою жизнь. Первые автобусы с иностранцами. С этими облаченными в щегольские костюмы, сладко пахнущими духами выходцами из других миров, волшебниками, чародеями, которые в обмен на какой-нибудь завалящий значочек с покорителем космоса Ю. Гагариным могли одарить пачкой бесценной жвачки, шариковой ручкой, сигаретами или классной зажигалкой.

Извиняло их, на наш взгляд, лишь одно обстоятельство — они ни бельмеса не понимали по-русски. А раз так, то откуда им было знать, что обладатель их сигарет, зажигалок, жвачки превращался сейчас же в глазах пацанов в богатея почище чем граф Монте-Кристо. За небольшую подачку он мог без труда даже школьного силача Саньку Вендина, Веню, оседлать и заставить нести себя рысью до туалета. Или, взяв Веню в паре с Серегой Барановым в телохранители, отправиться вечером на Ленгоры. А уж там, на Ленинских горах, где надо было ступать с осторожностью апачей, чтоб не хрустнула под ногой ни единая ветка, в лесной тишине и сырости пустынных аллей, в глухих чащах, оврагах столько всего открывалось внимательному взгляду.

То парочка, занимающаяся любовью прямо на скамейке, когда женщина сидит верхом, слышны тяжелое сопение увлеченно работающих людей, страстные стоны, а в кустах напротив наблюдает за ними серенький, как суслик, тихий старичок. То какой-нибудь небритый странный тип в мешковатом пальто или бесформенном плаще, возникнув, словно из-под земли, прилипал к нам неотступно, тянулся следом, прячась за стволами деревьев, и Веня говорил: «Ну что, давай тряхнем пидора гнойного?» — и доставал из-за пазухи велосипедную цепь...

Однажды такой вот сизолицый деятель, когда мы, зайдя с тыла, неожиданно окружили его и стали с угрозой допрашивать, выхватил вдруг из кармана пальто пистолет. Вполне могло быть —

три выстрела в упор, три бездыханных трупа, три жалкие кучки кожи, костей и тряпья. И только лишь через много лет в котловане какой-нибудь стройки открылись бы миру отбеленные подпочвенными водами, безглазые, ощеренные наши черепа.

До сих пор не забыть, как неслись мы от смерти по аллеям прыжками, точно горные козлы, вверх, туда, где маячил через дорогу спасительной громадой Дворец пионеров. И слышалось за спиной у нас сбивчивое дыхание, и безумный голос с упрямой хрипотцой твердил: «Врешь, не уйдешь! Пуля-дура, она догонит!..»

И как же потом бывало сладко сидеть невредимыми где-нибудь в подъезде на подоконнике и, привалившись спиной к пыльному стеклу, наперебой делиться впечатлениями, затягиваясь душистым дымком полученной от иностранцев сигареты. И видеть себя, будто со стороны, за полями, за лесами, в том волшебном краю, где все по-другому, не так, как у нас. Где ты ловок, силен и красив и одним точным ударом выбиваешь из злодейской руки пистолет. А потом, ухватившись за низкую дверку, легким движением, как в седло скакуна, бросаешь упругое тело на сиденье спортивного «порша». Загорелая длинноногая девчонка в шортах, с высоко задранными коленками тотчас оказывается рядом. И летит твоя жизнь под музыку «Битлз», среди мелькания пестрой рекламы и зелененьких хрустких купюр, в дыму перестрелок, погонь...

Ах эти наши жалкие неотвязные мечты!..

Да, интересно представить, что бы почувствовал тот лопоухий мальчишка, окажись он хотя б на мгновение в южном английском городке, в котором живу теперь я. Должно быть, рот раскрыл и удивленная сопля повисла бы из носа. А потом, очнувшись, Бога стал бы молить, чтобы этот сон длился и длился без конца.

Ну вот и я денно и нощно молю о том же. Жизнь в каменном старом доме, оплетенном виноградом, по соседству с морем мне вполне по нраву.

Мне нравится, что в жаркие летние дни виноградные заросли глухо и томно гудят от невидимых в листьях пчелок, ос и черненьких юрких мушек. И крошечные зеленые бубочки на длинных кистях, едва появившись средь листьев, сразу же осыпаются тихим шуршащим дождем. Мне нравится, что виноградные тонкие усики уже просочились сквозь щель между входной дверью и косяком в дом. Цепкие присоски побежали по стенам, отвоевывая себе с каждым днем все новое и новое пространство. И кажется, со временем дом этот, заплетенный виноградом, в резных листьях которого вечерами так таинственно и зловеще дрожит свет луны, и отблески дворовых фонарей рождают какие-то зыбкие тени, и чей-то отчаянный хриплый крик вспухает вдруг, точно пузырь, в глубине, заставляя немедленно вспомнить Хичкока, — дом этот со временем обратится в зеленые дикие заросли, храня, как в бездонном колодце, свою полуночную жуткую тайну.

Только однажды произошло чудо. Этой зимой. В те небывалые штормовые дни, когда море захлестывало все прибрежные дороги, сыпалась с крыш черепица, ветер подхватывал и тащил людей за собой, как тащит он обычно, кружа в вихре, бумажные обрывки. Чтобы не улететь, люди цеплялись за всякую всячину: за стены зданий, за машины, за кирпичные заборчики, за столбы. Старый дом точно сорвался вдруг с места. Жалобно звякнуло в коридорах стекло, пузырями вздулись занавески, заскрипели рассохшимся деревом узкие лесенки. Под неумолчный плеск виноградных листьев за окном дом вдруг превратился в корабль. В неуклюжий, облепленный зеленью старый корабль, почти что в «Викторию» одноглазого славного Нельсона.

У обитателей дома в те дни появился загадочный блеск в глазах. Дыхание смутной безумной надежды заставило их распрямиться. Послышались столь необычные здесь шутки, слабый надтреснутый смех. «Ну что, жирная корова?! — говорил небритый высокий старик, стоя навытяжку в холле перед огромным портретом королевы-мамы. — Мы еще попляшем с тобой!»

Дом ожил в предвкушении сказочной перемены. Даже если она и несла с собой гибель — все равно!

И меньше чувствовался в те дни специфический едкий запах, которым был пропитан весь дом. Запах дрянной пищи и урологического отделения. Запах, которым обычно наполнены до краев все дома престарелых.

Ну так вот, я живу в этом доме. У берега моря. И представьте себе, я доволен. Соседство немощных, трясущихся, почти бесплотных жильцов, похожих на тени, меня даже развлекает. С усилием, как младенцы, которые только учатся ходить, они передвигаются по коридорам. У некоторых из них — ходунки на колесиках. Колесики повизгивают в такт шагам. Вечерами и ночью сквозь дверь квартиры доносятся крики. Иногда они напоминают детский плач, иногда рев обезумевшего от тоски и неволи животного.

Крики эти разнообразят мою жизнь. Разнообразит ее и моя хозяйка — директриса этого дома, сдавшая мне две комнаты в своей служебной квартире. Она ездит на белом спортивном «ниссане». Ей за пятьдесят, но она все еще большая поклонница скоростной езды. У нее скуластое лицо, нос с конопушками, как на грачином яичке, а в прищуренных карих глазах все время маслится простонародная крестьянская хитреца.

Ее зовут Мари-Моник. Она француженка. Родители ее — потомственные фермеры из прокаленного солнцем, хмельного Прованса.

Когда первый раз я пришел в этот дом, чтобы договориться о квартире, Мари-Моник встретила меня в клетчатом скромном переднике. Белыми кружевцами, точно у гимназистки, было отделано на рукавах и на вороте ее синее платье. Девчоночий невинный хвостик прыгал на затылке.

Она присела на краешек стула, прикрыв колени руками. «Я так неопытна в этих делах, — прошептала она чуть слышно с интонацией девочки, которая и очень боится, и хочет отдать соблазнителю свою невинность. Розовые пятна расцвели у нее на щеках. — Я боюсь этих денежных дел».

На вопрос, сколько же я могу платить в месяц, я назвал поначалу сто сорок. Она вскочила со стула со сдавленным вскриком и заметалась по комнате, как при пожаре. Она твердила, что вообще не собиралась сдавать эту квартиру, она привыкла к ней, здесь каждая вещь хранит ее память, молодость, жизнь. Если бы не известный ученый и лектор, ее друг доктор Файнштейн, которого она так безмерно уважает, ей бы и в голову ничего подобного не пришло.

Тогда я решился накинуть десятку, напомнив ей о специфических, так сказать, условиях, о доме, в котором расположена квартира. Она взяла стул и, придвинув его вплотную к дивану, на котором устроился я, вдруг пронзительно, со скаредным вниманием уставилась мне в глаза. «У вас приятный, чистый взгляд, — наконец проронила она, тряхнув челкой. — Я должна подумать».

Окончательно мы сошлись на ста пятидесяти пяти. Но в счетах, которые я отвожу каждый месяц в посольство (там мне возвращают деньги за жилье), она проставляет чуточку больше. Излишек, всего тридцать фунтов, пустяк, я кладу в свой карман. Такова плата за то, что в счетах моя дорогая хозяйка забывает указывать свой адресок. Естественно, квартира-то служебная.

И еще, я не мешаю ей выдавать меня перед персоналом за сына ее нежно любимых друзей из далекой Москвы. В этой наивной хитрости я не вижу большого греха. Ведь оказалось, что Мари-Моник действительно жила в середине шестидесятых в Москве. Ее муж был английским коммунистом. Она разделяла его взгляды. Он учился в Высшей партийной школе, пописывал статейки для «Morning star», занимался переводами. Жили они в кирпичном доме возле метро «Университет», на первом этаже которого за всегда мутноватыми стеклами помещается магазин «Рыба».

Мари-Моник помнит сильные морозы, когда приходилось закутывать уши платком, Черемушкинский рынок, где они с мужем покупали фрукты и парное мясо, осеннюю и весеннюю непролазную грязь на улицах, кухонные посиделки с московскими друзьями, ужасный запах русских сигарет, неумеренное питье, заунывное пение под гитару и конечно же русских «babushkas», на которых натыкаешься везде: во дворе, где они день и ночь гуляют с внуками и никогда не упустят случая сделать тебе или твоему ребенку замечание, в магазинных очередях и даже в музеях, стоит только тебе на секунду отвлечься, сейчас же летит из угла: «Не разговаривайте! Не смотрите в окно! Вы пришли в музей или болтать?!» Отцу ее, когда он приехал их проведать, одна из «babushkas» крикнула в Третьяковской галерее: «Молодой человек! Не шаркайте ногами!» А отцу тогда уже перевалило за семьдесят пять.

Рассказывая о годах жизни в Москве, Мари-Моник начинает заметно горячиться. Для нее то была пора отчаянных, горчайших разочарований — в идеологии, в муже, в себе. К тому же ей так и не удалось осилить русский язык. Сейчас она может сказать только: «здравствуйте», «боже мой», «жулик», «пузо»... Ну и еще пять-шесть слов.

Я смотрю на свою хозяйку, сидящую на диване. На ярко-красный длинный свитер, вельветовые брюки-дудочки, высокие замшевые сапоги. Аскетичному синему платью на время дана отставка. Я смотрю на нее и думаю: «А ведь мы могли с ней встречаться». Потому что по соседству с тем самым домом возле метро «Университет», где размещается магазин «Рыба», прошли мое детство и юность.

И я помню все совсем иначе. Я помню еще те времена, когда на месте станции метро, трамвайной линии, кирпичных домов, кинотеатра лежали засыпанные снегом поля, пустыри и дальше, на взгорке, маленькая деревенька — несколько десятков темнобоких приземистых изб. От деревни к единственному в округе дому с зубчатой башней посередине и четырьмя башенками поменьше, симметрично расположенными по углам, отчего дом напоминал средневековый замок, тянулась наезженная машинами и санями дорога в зеленоватых пятнах лошадиной мочи, с рыжими клочками сена, валявшимися кое-где по обочине. С бабушкой мы частенько отправлялись в деревню на ферму — смотреть коров и телят.

Открывалась со скрипом набухшая дверь, в теплой, густо пахнущей полутьме слышались мерное похрустывание, вздохи... И вдруг ты различал смотревшие на тебя в упор круглые, влажновато-добрые глаза. Как мало нужно было тогда для счастья!

Жили мы в маленькой коммуналке, которую родители восприняли, конечно, как незаслуженный, бесценный дар судьбы, позволивший семейству нашему расстаться, обмерев от счастья, с общежитием. Вечерами за стеной шумно мыл ноги, раздевался до трусов и, тоскуя без жены, работавшей в ночную смену, брал гармошку неугомонный, шебутной сосед; в праздники у соседей собирались гости, к полуночи, разгулявшись, высыпали плясать в коридор. «Оторвите руки-ноги, оторвите мне язык, не скажу, в какой деревне есть беременный мужик!» — кричал сосед, терзая гармошку. Кричал и притопывал, и ходил вприсядку. В такие минуты к нему было лучше не вязаться. «Шпрехен зи дойч? — реагировал он с ходу на малейшее замечание отца. — Да ты можешь понять, бумажная душа, что я, рабочий человек, в сильном переживании! Я за себя не отвечаю!» А утром приходил виниться, просил прощения и заодно пару рублей, чтобы «оттяжку организму дать». И все тогда были молоды, здоровы, живы...

— А все-таки я благодарна Москве, — говорит Мари-Моник. — Ведь именно там мне открылось, что мой бывший муж — мерзавец.

Она сидит на диване, небрежно закинув ногу за ногу. Застывший взгляд ее устремлен в пустоту. И только рыкающая картавость, с которой она выговаривает английские слова, выдает неугасшее за прошедшие годы волнение.

— Сначала он связался с одной башкиркой. С таким широким и скучным, как русская степь, лицом. Меня всегда клонило в сон, когда я видела ее. Через год Марыся, полячка, жена нашего друга, родила от него ребенка. Да, это был его ребенок. Я точно знаю. И у Люси, моей младшей, такой же непостоянный характер. Может, от этого у нее и не сложилась семейная жизнь...

Мари-Моник теперь частенько заглядывает ко мне. Просто так. На чашку чая с молоком. Особенно если у нее ночные дежурства. Обычно, высыпав с порога целый ворох ритуальных извинений за то, что вторгается без приглашения, отрывает, беспокоит, она напористо входит в комнату. Нет, конечно, не чай мой ей нужен, а вот эта возможность — поговорить. Мари-Моник знает по опыту — у русских с этим просто.

Иногда мне кажется, что ее мучает одиночество, хотя с моим появлением она и переселилась на время в дом своего старого друга, доктора Марка Файнштейна. Мы работаем с ним в местном институте на отделении русского языка. Мысль снять жилье у Мари-Моник подсказал мне именно он.

А бывает, я нахожу объяснение попроще. Ведь визиты ко мне дают Мари-Моник повод каждый раз демонстрировать новый наряд. Она не скрывает своего пристрастия. Раз, когда я столкнулся с ней в магазине «Marks and Spencer», она обмолвилась, что регулярно наведывается сюда и в «John Lewis», присматривает себе вещи, а потом караулит их до распродажи, когда резко сбрасываются цены.

Ну а Марк, он считает, что женщину украшает скромность. Книги, подаренные им, напоминают Мари-Моник об этом. Книги стоят на книжных полках, тянущихся вдоль стены. С обложек их глядят степенные мужчины с раздвоенными бородами, в длиннополых сюртуках. Они восседают за длинными семейными столами или в креслах под фикусами в окружении своих большеглазых, полных трепетного почтения жен в черных платьях и кучи притихших детей.

Мари-Моник тоже любит целомудренных мужчин. Она не без гордости сообщила мне, что ее Марк всегда краснеет, когда видит по телевизору откровенные сцены в постели. Всякую женщину в ультрамодной одежде Марк подозревает в том, что она проститутка. А ярко накрашенных женщин в коротких юбках он просто боится. Стоит ему оказаться с ними в одной комнате, как он норовит убежать. Ему кажется, что такие женщины могут запросто изнасиловать его.

Однако, несмотря на все уважение к Марку, Мари-Моник недостает сил побороть свою страсть. Через день она заглядывает ко мне то в новом открытом платье, то в юбке-штанах, то в вельветовых брюках в обтяжку. Она просиживает у меня часами. До тех пор пока не затрещит телефон, давая знать, что опять кто-нибудь из жильцов дома «fell down stairs»[1]. А значит, надо бежать, осматривать жалкую плоть, которая порой так неохотно расстается с жизнью, дышит и бьется под саваном ночной рубахи, назначать уколы, таблетки, капельницы, а иногда и констатировать смерть. Ничего не поделаешь, такая уж у Мари-Моник работа.

Естественно, за неделю накапливается усталость. Поэтому по воскресеньям, если погода хорошая, мы с Мари-Моник и с Марком отправляемся за город. Обычно к нам присоединяется и Люси со своей дочкой, четырехлетней Сюзанной.

Мы едем в одну из окрестных деревень. Земли графства Хемпшир окружают нас. Зеленые, коричневые, желтоватые квадратики аккуратных полей, легкий волнообразный взлет и плавное оседание холмов, овцы, пасущиеся по склонам...

Мы едем не спеша. Марк не любит больших скоростей. Еще он не любит моря, потому что не

---

[1] Упал с лестницы *(англ.)*.

умеет плавать. Сильный ветер и гроза также почти всегда повергают его в уныние.

Всю дорогу Марк говорит не умолкая. Недавно он узнал, что в состав его зубных пломб входит ртуть. «Это полный кошмар! Каждый день, каждый час ртуть по капле проникает в мой организм и медленно отравляет меня. По-моему, только в Англии добавляют ртуть в зубные пломбы. Только мы, англичане, чувствуем это. Вот почему меня мучают депрессии, и такая тоска по ночам, когда вдруг просыпаешься, словно бы от толчка, и лежишь весь в поту, ожидая чего-то ужасного...»

Оставив машину у церковной ограды на краю деревни, мы идем к ближнему лесу по тропинке среди зеленых живых изгородей. Ветер приносит со склонов холмов тихое блеяние, перезвон колокольцев. Тишина и блаженный покой разлиты повсюду.

Маленькая Сюзанна вдруг срывается с места и бежит к лесу. Мелькают стоптанные подошвы красных башмачков. Вскоре она исчезает под могучими кронами деревьев. Голубовато-сизый полумрак курится там. Замшелые стволы, оплетенные плющом, напоминают о временах Робин Гуда.

Обычно Сюзанна садится на корточки где-нибудь у дорожки под кустом, чтобы с ужасным рыком дикого лесного обитателя наброситься на нас, когда никто не ожидает, и испугать до смерти. Она сидит тише воды, ниже травы. Иной раз так долго в полной неподвижности, что пролетающий мимо жук, шмель или усталый мотылек присаживаются, обманувшись, как на цветок, на золотистую пушистую макушку.

А голосов все не слышно. Взрослые идут к лесу степенно, не торопясь. Они увлечены беседой. Холодок одиночества проникает в маленькое сердце. Глаза Сюзанны вырастают от ужаса. «Mammy, where are you? Granny! Granny!» — несется тогда из леса нам навстречу ее срывающийся голосок.

Я не очень люблю детей. Но с Сюзанной играю охотно, с азартом. В мяч, в прятки, в лошадей, когда она забирается ко мне на плечи, и начинается бешеная скачка. Выдержать ее совсем нелегко. Сюзанна ведет себя точно заправский ковбой, пришпоривает меня или, схватив за уши, на полном скаку натягивает их, как поводья.

Во время одной из таких скачек нас застает гроза. Болотный сумрак накрывает округу. Мотая растрепанными верхушками, постанывает, шумит лес. На всякий случай я стаскиваю с себя куртку, укутываю Сюзанну и что есть силы припускаю по дорожке назад.

Выскочив на опушку, мы успеваем увидеть Марка и Мари-Моник. Подхваченные ветром, они летят к машине. Обеими руками ловит Марк редкие прядки своих волос. Кажется, он боится, что ветер сорвет ему голову.

Люси ждет нас под деревьями. Подол легкого платья клубится, кипит, норовя поднять ее над землей. А потом вдруг с птичьим взмахом облепляет ей лицо, открывая просторное тело.

Ливень обрушивается вдруг сразу, холодный и белый, как снегопад. Мы бежим вслед за Мари-Моник и Марком. Лицо Люси под ливнем кажется заплаканным, но губы морщит счастливая улыбка.

Через неделю утро застает Люси у меня в постели. Сюзанна сблизила нас, в этом я не ошибся. Интуиция, обостренная длительной жизнью без женщины, не обманула меня.

Часы на башне собора рядом с торговым центром бьют половину восьмого. Я приподнимаюсь на локте в нагретой, скомканной за ночь постели. Воскресное утро набирает силу за окном. Щебечут по-щеглиному скворцы на соседней крыше, позвякивает электрокар молочника.

«Good morning!» — привычно доносится с улицы голос горбатого сумасшедшего старичка, живущего в нашем доме. Я мысленно вижу, как прыгающей своей походкой он семенит по тротуару под декоративными вишнями, исходящими розовой пеной цветения. Завидев прохожего, приподнимает двумя пальцами вельветовую кепку: «Good morning!» Лицо его неподвижно, торжественно. Похоже, что он-то и есть здесь самый стойкий и убежденный хранитель британских традиций.

Люси спит. Во сне она неизвестно чему улыбается, по-детски причмокивает губами. Рыжий волосок, прилипший к щеке, шевелится от ее дыхания. Ночью она поразила меня своей неуемной энергией, девчоночьим легким проворством.

— Скажи, тебе хорошо? — вот то единственное, что всерьез занимало ее.

«Да, в этом и проявляется настоящая женщина, — думаю я. — Французская кровь дает себя знать. «Мы сделали женщину, обед и книгу», — всплывает читанное где-то.

«А что, если жениться на ней?» Люси вчера сказала, что Мари-Моник намерена купить во Франции на побережье домик. Я знаю, что у моей хозяйки есть еще квартира и в Лондоне, недалеко от Тафнелл-парка. А Люси — единственная наследница.

От волнения я ложусь на спину и прикрываю глаза. Я вижу, как у белого «ниссана» на большой скорости отказывают тормоза. Машину бросает со скрежетом на железобетонную ограду шоссе. Со звоном прыскает разбитое стекло, пар вырывается из-под капота. Сила инерции разворачивает «ниссан» поперек дороги. И вот идущий следом «форд» врезается в правую дверь...

Или... Марк Файнштейн дает вдруг Мари-Моник отставку. Я помню, он сказал мне однажды: «Я бы давно развязался с ней. Но я боюсь. Она говорит, что в таком случае выбросится из окна или вскроет себе вены».

Я вижу гостиную в доме Марка. Я чувствую подвальный холодок — верный спутник рачительного хозяина. Аскетичен и тих вечер наших любовников. Завернувшись в электрические одеяла, они сидят у телевизора. Марка совсем не видно в кресле, торчит только нос. Идет любимый его Хичкок. Марк посапывает, пригревшись. Это его манера — засыпать в самых страшных местах.

Мари-Моник, замерев на диване, не отрывает взгляда от экрана. Там, в белоснежной ванне, стоит молодая красотка. С газельей грацией, вытянувшись в струнку, она перебирает ногами, поворачиваясь под душем. Блаженно закинутое вверх лицо ее все в мелких блестящих каплях, как в росе. Марк открывает глаза: «Послушай, мне кажется, ты раньше времени стала чувствовать себя в этом доме хозяйкой. Моя коллекция спичечных коробков — где она?»

На экране под зловещую музыку отворяется беззвучно дверь. Чья-то тень скользит по стене, по занавеске. С дождевым шорохом льется за занавеской вода. Мари-Моник глядит, онемев, на несравненного доктора Файнштейна, ради которого она много лет бессильно плутала в глухих лабиринтах иврита, училась готовить кошерное мясо и фаршированную рыбу, читала Маламуда, Зингера и про еврейскую семью, и про кладбище, и про путь к покаянию... «Я думала, это просто мусор», — произносит наконец она. «В этом твоя суть, — хладнокровно роняет Марк. — Ты никогда не понимала моих увлечений. Конечно, ведь тебя занимает другое. Все эти брюки в обтяжку, платья, у которых открыта грудь... Ты сама видишь — нам пора расстаться».

Крик ужаса раздирает красоткин рот на экране. Некто в черной маске появляется перед ней и начинает спокойно и мерно тыкать ножом ей в грудь, в запаленно дрожащий живот. Кровь хорошо видна на белом. Капли ее вдруг превращаются в градины. Они падают в ванну со странным назойливым стуком.

Действительность грубо врывается в сон. В дверь стучат. Я вскакиваю с кровати, расталкиваю Люси. Схватив в охапку одежду и приседая, как купальщица, застигнутая врасплох, она бежит в соседнюю комнату. Пятки ее выбивают по полу заячью сухую дробь.

Я открываю дверь. На пороге стоит Мари-Моник. В пестрой юбке, в соломенной шляпке, осыпанная солнечной пыльцой. Ну да, ведь сегодня же — воскресенье. Они с Марком сказали, что заедут в десять...

Непривычной, танцующей походкой Мари-Моник проходит в комнату. Она оживленна. Не без кокетства она улыбается мне. Но что это? Взгляд ее удивленно скользит по винной бутылке, забытой на столе, по растерзанной неприкрытой постели. Улыбка начинает сползать с ее лица. О черт, только тут я с досадой замечаю оброненный впопыхах кожаный пояс Люси на одеяле.

Сжавшись внутренне, я готовлюсь к отпору. Какого хрена, наконец?! Ведь мы с Люси не школьники!.. Но, к моему удивлению, Мари-Моник не врывается с криком и руганью в смежную комнату.

— Я вижу, вы не очень здоровы, Алексей, — произносит она после паузы ледяным тоном. — Извините, но вам лучше, наверное, сегодня остаться дома.

На глазах Мари-Моник стареет лет на десять. Морщины и желваки резче проступают у нее на шее, на лице. Женщина, которой пора уже начать понемногу откладывать на частный дом престарелых, стоит теперь передо мной. Она поворачивается и... «туп-туп-туп» — по-мужски тяжело идет к двери. Но, взявшись за ручку, вдруг останавливается.

— Да... Я не хотела вам говорить... Я понимаю, это расстроит вас, но, к сожалению, у меня нет выбора. Со следующего месяца вам придется платить не сто пятьдесят пять, а сто девяносто фунтов за квартиру. Три дня назад я получила счета за газ и электричество. За февраль, март, апрель. Они намного больше той суммы, которую я могла предположить...

— Но мы же договорились, — в полной растерянности от такого поворота пробую возразить я.

— Правильно. Я не думала тогда, что будут такие расходы. Вы, русские, ужасно расточительны. Вы привыкли, что у вас все время работает отопление и вечера напролет горит в комнатах свет. В конце концов вы можете поискать и другую квартиру.

Красный рот со старческими складками выбрасывает слова мне в лицо с размеренностью автомата. Я чувствую свою беззащитность перед наглым, бездушным напором. До слез жалко те тридцать фунтов, которые я каждый месяц клал в свой карман. «Взять бы да шарахнуть чем-нибудь тяжелым по башке эту бесстыдную бабеху», — мелькает мгновенная мысль.

Следующие несколько дней уходят на обдумывание ответных действий.

«Она у меня еще попляшет, — злорадно бормочу я про себя. Ее расписка в получении денег за квартиру за прошлый месяц — вот она, у меня в руках. К счастью, я не успел отвезти ее в посольство. Так вот, я такое заварю, до конца дней не расхлебает. Сниму копию с расписки. А что, тут маячит и суд. Пусть знает, как сдавать служебную квартиру, обманывать государство. Она баба не глупая. Она быстро поймет, что со мной ей невыгодно разбегаться».

Так думаю я. Времени для раздумий у меня после работы вполне хватает. Дело в том, что Люси не может больше приезжать ко мне. Мари-Моник наотрез отказалась брать Сюзанну по вечерам, хотя раньше делала это с охотой. А ехать к Люси, в ее блочный дом возле порта, если честно, меня совсем не тянет.

Чего я не видел там? Обшарпанные обои? Старенькую этажерку с книгами? Гитару в углу? Все это слишком уж напоминает Москву. А я сыт Москвой по горло.

Я предпочитаю гулять по набережной вечерами. Я стал что-то нервным в последние дни. Сидеть сиднем в квартире мне хуже смерти. Все мерещатся шаги какие-то, беготня, стук в дверь. И мысль — это за мной. Выкидывать меня. Из квартиры, из городка, из страны. Особенно по ночам. Раз проснулся и чудится — скрипнула дверь в коридоре, зашуршали по полу чьи-то легкие шаги. Я напрягся, уселся в кровати. Гляжу — дверь в комнату стала тихонько приоткрываться. Я даже протер глаза — ну дела! А в проеме двери уже маячит старуха в ночной рубашке. На животе держит часы. Точь-в-точь, как моя бабушка-покойница, когда входила будить меня в школу. Только у этой часы без стрелок.

«Ну что, — говорит вдруг по-русски, — актер погорелого театра?»

Я, конечно, вскочил с кровати — и к ней. Растопырил руки, стою, хватаю пустоту. Вот смех! Только голубоватый лунный свет большим пятном расплылся у двери.

Я щелкнул выключателем, вспыхнула люстра. В комнате, естественно, никого. Правда, двери оказались почему-то не заперты. И в комнату ко мне, и входная.

Ерундовина, в общем, мираж. Я закрыл все замки, лег в постель, а уснуть не могу. И страшновато, и смешно, и досада ужасная на собственную глупость.

И потом до утра, как в детстве, стоило забыться — и вот уж черная скрипучая карета, та самая, из погорелого театра, увозила куда-то меня. Мелькали в маленьком окошке — трамвайная линия, пыльные тополя, метро, магазин с надписью «Рыба». А рядом сидел обугленный, сгоревший кто-то — то ли бабушка, то ли отец. Мне видны черная, местами лопнувшая кожа, желтые ободья костей. Жутко делалось и противно до дрожи, и против воли безумно хотелось придвинуться, обнять...

Словом, встал на работу в таком настроении, что, встретив у входа в дом хозяйку, ляпнул ей прямо в лицо — в суд, мол, пойду с вашей распиской, если будете еще с этой дурацкой надбавкой приставать.

Она сначала не поняла. А когда дошло, свела глаза в щелки, задышала астматически:

— Глупость какая! Я сама вам хотела сказать — давайте не будем расстраивать друг друга. Платите мне по-старому сто пятьдесят пять. Хорошо?

Это после того, как измотала мне все нервы. Сука!

А на набережной вечерами хорошо. Шатается взад-вперед пестро одетый, веселый народ с собаками, с детьми. Заводные попугаи у дверей ресторанов кричат пронзительно и хрипло, приглашают зайти и утомительно елозят по дну клеток плюшевыми хвостами. Пивной дух стоит в воздухе, гремит музыка в диско-клубах. Лишь иногда выдвинется вдруг из кустов какой-нибудь мятый угрюмый детина и, преградив путь, станет просить тихим голосом несколько пенсов на чашечку кофе.

— Нет, — говорю я в ответ, чувствуя злую досаду и желание нарваться на скандал. — Понял?! Нет у меня!

— Извините, — бормочет детина, в смущении послушно отступая. — Извините, что побеспокоил вас, сэр.

Ах, как же я ненавижу порой всю эту хваленую вежливость, всех этих людей, гуляющих по набережной или сидящих в бархатном полумраке ресторанов! Как хочется появиться вдруг здесь с автоматом и заорать: «Руки за голову! Всем, всем, гады!» Чтобы страх оживил наконец застывшие в самодовольстве глаза...

Набережная понемногу пустеет. Надвигается ночь. Надо возвращаться. В дом, пропахший урологическим отделением, полный жалких, неприкаянных теней, стонов, криков, похожих то на детский плач, то на рев обезумевшего от тоски и неволи животного.

БОРЦЫ СО СПИДОМ

Она и сама не поняла, как это все произошло. Вышла на улицу, чувствуя слабость в ногах, не соображая ничего, точно пьяная. И пошла по дорожке между однообразно-серыми домами, по пятнистому от сплетения теней тротуару.

Впереди, в просвете домов, неровной зубчатой стеной чернел лес, над которым по целым дням с криком клубились грачи, собираясь в стаи, а теперь, ныряя в ряби облаков, тихо качалась луна. Ветерок доносил оттуда запах грибной сырости, перепревшей под деревьями листвы, сухостойной травы с пожухлых полянок, всегда так волновавший ее, такой любимый. С детства, с поездок к деду с бабкой в деревню. С тех минут в зыбком предутреннем сумраке, жмущемся ближе к углам с каждым торопливо хриплым петушиным криком, когда дед будил их, чтобы идти по грибы. Они наскоро пили чай, дед закидывал на плечо корзину на широком солдатском ремне, бабка брала ведро...

Как давно это было. Просторная изба со слабым запахом керосина; жилистый, суетливый, с прыгающей походкой дед. Он работал электриком в совхозе. Всегда без перчаток работал, голые провода руками брал. Только дует, бывало, на руки, будто обжегся, такой лихач. Вот и доигрался. Три года назад полез под ноябрьские праздники на линии что-то там исправлять, а было скользко, прошел дождь, потом подморозило, да еще, видно, по обыкновению, стакан самогонки с утра принял. Мать всегда им сахар сумками возила, добрая душа. Полез и поскользнулся, и рукой, когда падать стал, схватился за провода. Рука до кости сгорела. И ухо правое обуглилось. А так ничего, как живой в гробу лежал. Гроб стоял на табуретах, низко. Щелкал фотограф, чтобы потом они все на вечные времена заняли место в раме над кроватью с высокими спинками, на которую после дедовских похорон слегла рыдающая бабка. Через год мать забрала бабку в Москву. Хотя какое у них житье в двух комнатах, толкотня вокзальная. Теперь бабка в больнице. Может, тоже помрет. А мать придет с работы, сядет на стул у окна, где бабка обычно сидела, и молчит. Смотрит перед собой, и глаза сухие. Тоскует, конечно. Уж лучше бы плакала.

Ох, как же не хотелось ей сейчас возвращаться домой! Таня шла по дорожке и думала грустно: «А куда денешься?». Хватит с нее ночных приключений. Да хотя бы неделю назад, когда возвращалась от Тамарки, у которой сидела весь вечер, потому что мать ее уехала на выходные к родственникам в Рязань. Возле тридцать шестого дома прилепился к ней какой-то растрепанный худой хмырь в пальто, стал бормотать: «Перепила, подружка? Это бывает...» А сам за руки, за плечи ее хватает, к подъезду тянет. Инструмент уже в полной готовности колом в брюках стоит. Такой сильный попался, гад! Грабки страшные, волосатые. Чуть плечо ей не вывихнул, когда вырывалась. Едва убежала. И сказала себе: все, ночным прогулкам конец.

Таня открыла дверь ключом, стараясь двигаться бесшумно, сняла кроссовки, взяла тапочки в руки и, прикусив от напряжения нижнюю губу, стала тихонько пробираться к ванной, чтобы хоть немного привести себя в порядок.

Но разве мимо их домашнего мента незаметно проскользнешь? Сейчас же в коридор хлынул свет, она зажмурилась и сжалась против воли. Когда открыла глаза, отец стоял перед ней. В майке, в тренировочных штанах. Майка сидела внатяжку на его мускулистом теле, а под ней все круглилось, бугрилось, вздувалось.

«Красивый у меня все-таки фазер», — невольно подумала она, надеясь, что хоть в этот раз он промолчит, по-умному, по-человечески. Как бы она тогда его любила!

Но, к сожалению, люди бывают совсем без понятия. Втащил ее в комнату и сейчас же пошел Пентагоном: «Где была?.. С кем?.. А теперь посмотри на часы!» Похоже, что на большее ни ума, ни воображения не хватает. Ведь однажды она уже говорила ему, что от этих вопросов всегда шизеешь. Нет, все будто мертвому припарки.

«Может, ты дашь мне хоть руки помыть? И сам отдохнешь. Горло лучше побереги», — отчеканила она с нарочитой дерзостью, чтобы еще больше завести отца. И не ошиблась. Отец полез в шкаф за ремнем. Маленькая, она всегда ремень из шкафа доставала и прятала, если знала, что будут пороть. А потом уж спокойненько доводила отца.

«Подожди, ты дождешься однажды, сука такая! Я тебя точно прибью! Выкину с пятого этажа!» — кричал отец. Она уворачивалась, хваталась руками за пряжку, не давала бить. Мать тоже помогала, повисала на руке у отца, потому что знала, какой силы у него удар, когда он в «заводе».

Глаза у отца остекленели, на шее вздулись жилы, запах лука толчками вырывался изо рта. Таню охватило отвращение. Странным казалось, что она могла восхищаться им пять минут назад.

«Ну и давай — выкидывай! Чего же ты?! — наконец крикнула она, подбежала к окну, распахнула, рванулась всем корпусом в черный проем, туда, где блестели на асфальте лужи, шелестели поредевшей листвой деревья, и пахло, как в детстве. — Давай!»

Ее, конечно, перехватили, начали оттаскивать. Отец, утративший мгновенно весь свой пыл, зачем-то перейдя на шепот, тарахтел: «Ты что, рехнулась? Ведь это же я так, в запале, доча... Ведь надо ж понимать...»

Кончилось тем, что она заперлась в ванной. Села на край, ощущая под собой холод, согнулась, обхватила колени руками. И впервые за этот вечер заплакала, вспоминая, как Никита Стефанович, кумир всех девчонок в их классе, нес ее до подъезда на руках, и если рассказывать, то никто не поверит, что он пел для нее, пел как Бог, а когда она спросила, можно ли ей попробовать, он без разговоров протянул ей гитару. И все было так красиво, культурно, будто в книжке или в кино. А потом... А потом... Она задыхалась от всхлипов, ей просто не хотелось жить.

В дверь скреблась мать, и даже отец приходил раза два просить, чтоб открыла. А она продолжала сидеть на краю ванны, все в той же позе, но уже успокоившись, и думала: «Хорошо бы уехать. Все равно куда».

Сесть в фирменный скорый с накрахмаленными занавесками, где проводники по ковровым дорожкам с уютным перезвоном разносят пассажирам чай, а колеса, сдваивая на стыках, уносят тебя в неизвестную, новую, чудную жизнь. Мимо запустелых серых деревень, утопающих в непролазной грязи большаков, деревянных развалюхполустанков, усыпанных шелухой семечек, старыми билетами и окурками, мимо облупившихся городков, крашенных по столетней привычке желтой охрой, их площадей, приспособленных для народных шествий, заросших бурьяном парков... Мимо... Мимо... Мимо...

На другой день первым уроком была литература. Хотя в расписании стояла история. Поднялся шум.

— Ну я вобще, тащусь! — протестующе кричал кто-то.

Но вошла Елена, блеснула золотой оправой очков:

— Все, прекратили разговоры! Андрей, тебя, между прочим, ждем. — И наступила тишина.

Елена прошла по классу. С тихим шорохом замелькали, выглядывая попеременно из-под подола шерстяного кремового платья круглые, как репы, коленки, затянутые в ажурные чулки. Грудь ее приподнялась, заволновалась, когда она заговорила о романтизме, о пиршестве красок у раннего Горького, сущность произведений которого в этот период прекрасно можно себе представить, взглянув на картины Айвазовского.

Тане нравилась литераторша. И в классе к ней относились нормально. Она считалась хорошим учителем. Все у нее было четко, ясно, со схемами. Не то что у некоторых — говорят два часа, а записывать нечего. И высказаться при этом всегда давала. Еще подстегнет: «Ну, где же ваши идеи? Учитесь рассуждать и думать самостоятельно».

На сегодня она задала «Старуху Изергиль». Первой потянулась, аж затрясла от хотения рукой Оксанка Солончак. Елена, естественно, расцвела, ласково ей кивнула. Оксанка выпорхнула из-за стола, вскинула кудрявую головку. В новой зеленой кофточке, в узкой юбке с разрезом впереди — точно такие Таня вчера видела в журнале мод у Никиты.

— Основное содержание средней части связано с историей любовных приключений Изергиль, — замолотила Оксанка на весь класс. — Рыбак долго уговаривал Изергиль уйти с ним. Но вскоре Рыбак ей разонравился, потому что она встретила Гуцула. Они шайкой ходили по тем местам. Гуцул был рыжий, с усами. И Рыбак пристал к гуцулам. Потом Рыбака и Гуцула повесили. Старуха Изергиль немного пострадала по своему Гуцулу, а после попала в гарем.

— Она пропустила! — прервал Оксанку бдительный голос Стефановича. — Как одна болгарка ударила Изергиль ножом.

Да уж, Стефанович всегда прежде всех успеет отметиться. Но Таня не хотела смотреть в его сторону сейчас. Уперлась взглядом в стенку, где висели портреты одноглазого, по-бабьи круглолицего и сдобного Кутузова, сухощавого Суворова с петушиным боевитым хохолком, под ним текст военной присяги, плакаты с зелеными, одинаково плоскими фигурками солдат — «повороты в движении», «пеший строй и его элементы». Из-за ремонта первые два урока проходили в кабинете военной подготовки.

От всего этого ей скоро стало скучно. Она подняла глаза и почему-то сразу же наткнулась взглядом на Никиту. Исподтишка невольно начала разглядывать его тонкую шею с сизой жилкой, вздрагивавшей в такт дыханию, завиток пшеничных волос, нависший над нежно-розовым ухом, треугольный разрез сочных губ, тонкие пальцы, которые он запустил сейчас в свой густой чуб...

И вдруг ей так до боли захотелось, чтобы он попросил у нее прощения, чтоб молил и просил изо всех сил и даже встал на колени перед ней. И она бы, склонившись тихонько, обняла и прижала, прощая, эту чудную голову к своей груди. И чтобы у них ничего не было, никакой близости, а он бы просто ухаживал за ней, приглашал там в кафе, на дискотеки, дарил цветы, а на Пасху со своими родителями бы познакомил.

Почему-то именно на Пасху хотелось. В теплый солнечный день, с запахом оттаявшей земли. И чтобы они сидели за круглым столом, и пили чай с куличами, и разговаривали бы о чем-нибудь самом прекрасном.

Никита почувствовал, что на него смотрят, повернул голову, встретился с Таней взглядом и, усмехнувшись со значением, игриво подмигнул. От этого его подмигивания все хорошие мысли сейчас же исчезли, в глазах точно нарушился фокус, стало трудно дышать. Потому что она поняла: «Ни за что. Никогда».

Таня медленно выдохнула, потом вдохнула поглубже, стараясь часто не моргать, думая: «Только бы не сорваться». Ведь это ужасный позор так расслюнявиться во время урока. И кому — ей, завоевавшей себе в школе прочную репутацию отвязной, прожженной девчонки.

Понемногу дышать стало легче, и она решила, успокаиваясь: «Ну и ладно. И хорошо. Так тебе и надо, дура! Размечталась».

— Потом один жид хотел купить Изергиль, чтобы ею торговать, — донесся тут до нее, как сквозь вату, голос Светки Тихомировой. — Она и на это согласилась, потому что в жизни надо уметь хоть что-нибудь делать хорошо.

Таня прислушалась: «Что такое несет эта клуша? Совсем без понятия!»

В классе, естественно, заулюлюкали сейчас же, засмеялись, зашумели.

— Светка, ты даешь!

— Надо быть активными, девочки!

— Дайте человеку выразить свое мнение, — перекрывая шум, сказала Елена.

Таню взяла злость: «Чистюля! Мамочкина дочка! А туда же... Берется рассуждать: «...Надо уметь хоть что-нибудь делать хорошо», а сама с мужиком-то вдвоем, наверное, ни разу еще не оставалась. Даже не красится».

Но Светка, заразившись, видно, от Елены пафосом, продолжала говорить. Ее близорукие глазки, которые она всегда оттягивала в уголках пальцами, если хотела что-нибудь получше рассмотреть, возбужденно блестели.

— Изергиль еще говорила, что нельзя встречаться с теми, кого любил. Нельзя встречаться с мертвецами.

«Ну в этом, может быть, Изергиль права, — подумала Таня, немого смягчаясь. — Потому что Светке самой откуда знать за мамочкиной юбкой. А Изергиль вообще-то ничего себе была деваха. Жила как хотела, куда хотела ездила. Молоток».

На минуту Тане даже показалось, что сама она чем-то похожа на Изергиль. Вон, прошлым летом, решили с Тамаркой поехать в Питер, потому что все говорили — город хороший, старинный, культурных памятников много. А потом, лучше ведь ездить, гулять, встречаться с интересными людьми, чем дома сидеть всю дорогу на нерве — отец орет, мать плачет, бабка стонет, вскидывается на диване. Взяли — и поехали. Она потом родителям с вокзала телеграмму дала: «Не волнуйтесь. Я в Питере».

Она вспомнила, как они ночевали в ремонтном депо, куда со станции то и дело доносились то сиплое гудение рожка сцепщика, то лязг буферов, то команды диспетчера, заглушаемые шипением пневматических тормозов; в старом купейном вагоне, который пригнал на ремонт проводник Толик. Потешный мужик! Вечно он щеголял голый по пояс, небритый, но в фуражке, в синих, вздувшихся на коленях форменных штанах.

Хвастался: «Ты не думай, я десять лет работал замначальника почтового вагона. Шишкой был, будь здоров! Со мной шутки плохи».

Они познакомились с ним в «Пельменной». Была такая недалеко от депо, там бабушка одна очень добрая подавальщицей работала. Все жаловалась, что ее одиночество замаяло, мечтала себе нищего старичка какого-нибудь подыскать, чтоб слово молвить. Приговаривала: «Я ни на кого не наброшусь. Я терплю. Тихое-то лето хлебнее бывает». И ее, Таню, называла: «Танечка, деточка», — и бесплатно подкармливала.

Из «Пельменной» они носили Толику жрачку и пиво иногда. А он за это пускал их ночевать.

Но чаще всего они вообще не возвращались в депо. Всю ночь бродили по городу, потому что было тепло и совсем не темнело. Улицы затоплял бледный, призрачный свет, не оставлявший теней, зеленело на востоке небо, горбились поднятые мосты, дремали дворцы, фонтаны, Летний сад за ажурными решетками, полный белых, как привидения, статуй.

Однажды ранним утром они попали даже в дом, где жил и умер Пушкин. Музей еще не открывали, но какая-то женщина, может даже заведующая, разрешила им тихонько войти. Она ставила в вазы живые цветы и рассказывала, как Пушкина привезли в этот дом после дуэли, как внесли на руках и осторожно положили на диван.

И он старался громко не стонать, чтобы не расстраивать жену.

Таня тогда вдруг очень ясно представила, какой он маленький, курчавый, с посветлевшей от страданий смуглотой, лежит, скорчившись под одеялом, на этом диване. И даже, не сдержавшись, всплакнула чуть-чуть, потому что она очень слабая на слезу. Ей все об этом говорят.

Там еще в углу стояла трость Пушкина, совсем коротенькая, и книги, книги, книги — столько, что за всю жизнь не прочитать...

— Зязева, ты не уснула случайно? — вернул ее снова в класс хорошо поставленный голос Елены.

И Таня вместе со всеми взяла ручку и стала записывать: «Ларра — эгоизм, индивидуализм. Жизнь только для себя. Плохо. Данко — подвиг. Все только для людей...»

Из глубины класса донеслось:

— Тоже плохо.

Елена, не оборачиваясь, словно она видела спиной, безошибочно определила:

— Кирюшкин, я тебе дам слово перед звонком. Пожалуйста. А сейчас позволь мне закончить.

Кирюшкин загримасничал, съежился и увял. И все продолжали записывать дальше: «Изергиль — посередине. Она решительна, она способна на поступок. Особенно в наше время об этом надо говорить. Но... Нельзя совершать подвиг и жить только для себя. Нельзя быть одновременно и Ларрой, и Данко. В финале — одинокая женщина, слезящиеся глаза, в финале в ее голосе звучит жалкая нотка».

Елена сделала паузу:

— Где начинается действие?

— В степи, — выкрикнул Никита Стефанович.

— В финале — глубокая печаль, — удовлетворенно продолжала Елена.

— Оксана Солончак, прочитай нам, пожалуйста, это место.

Оксанка встала и начала нараспев:

— В степи было тихо и темно. По небу все ползли тучи, медленно, скучно... Море шумело глухо и печально.

Таня давно считала Оксанку дурой, которая на своем папочке только и едет всю дорогу. И теперь лишний раз убедилась в этом. И чего в ней находят некоторые ребята? Невооруженным же глазом видно — взялась читать какую-то му-му и прямо зашлась от счастья. Лишь бы Елене угодить.

Но на самом-то деле, если спокойно разобраться, о чем печалиться, о чем грустить? Тем более когда после урока, на перемене, Никита подошел к Тане и на виду у всех этих клуш, тайно вздыхавших и млевших по нему, отвел ее к окну и сказал, чтобы она не обижалась. Потому что вчера была проверка, и она ее выдержала.

— А вот это тебе лично от меня, — шепнул таинственно, вытащил из кармана какой-то пакетик и, сунув ей в руку, ушел.

Из пакетика выпали серебряная цепочка и кулончик с изображением Водолея. Она чуть с ума не сошла от восторга и изумления, потому что Водолей был действительно ее знак.

Непонятно только, о какой проверке Никита говорил. Может, он имел в виду Кирюшкина и Моряхина?

Когда Таня лежала вчера у Никиты в тупой гудящей пустоте, эти друзья тоже решили попробовать счастья. Подумали, наверное, — на сладкую напали. Да, перед ними еще Андрюшка Яблоков заходил. Принес откуда-то подушку, накрыл пледом. Она даже, помнится, воспряла от его заботы: нашелся же человек!

А Кирюшкин, тот сразу стал рядом моститься, выдыхая ей в шею: «Не бойся... Я только с краешку... Я ничего... Погрею тебя...» Она отпихнула его. Отогнала, как назойливую шавку. А когда он полез опять, не вставая, — на это просто не хватило сил, — ударила его ногой. Получилось довольно удачно. Нога попала в мягкое, он взвизгнул по-собачьи, но не кричал. Потому что шуметь было нельзя, чтобы не разбудить бабушку. Никита строго всех предупредил.

Тане потом даже стало жалко немного Кирюшкина. Ведь он тоже живой человек, ему тоже надо общаться с кем-нибудь из женского пола. Отдышавшись, он ее очень просил: «Ты Стефану скажи, если спросит, что у нас все получилось. Лады?» А сам даже брюк не снимал, герой!

Вот Борька Моряхин, он же Боцман... Этот оказался товарищем серьезным. Главное, с ходу взялся ее на пушку брать: «Если не захочешь по-хорошему — удушу! Подушкой накрою и — хоре! Можно оркестр заказывать».

Она, помнится, развеселилась даже от этого детского сада. «Куда тебе, — сказала, — я тебя восемь лет знаю. У тебя руки коротки».

А он уставился на нее своими бычьими глазами и ноздри стал раздувать — хоть на цепь сажай. «Я никогда, — зашипел, — не беру ничего с ветра. Я все в натуре, точно говорю».

«Так, значит, Никита вчера их специально послал? И значит, ему важно знать, какая я?» От этих мыслей Таня просто задохнулась, настолько вдруг показалось реальным то невозможное, о чем мечтала, как о сказке, каких-нибудь полчаса назад.

Когда после уроков Таня увидела Никиту и Кирюшкина, топтавшихся на школьном крыльце, она нисколько не удивилась. Знала уже, что они поджидают ее.

Никита без слов взял у Тани из рук ее рюкзак и бросил Вадику Кирюшкину. Кирюшкин ловко поймал и заспешил за ними следом. Невидимые оркестры тихо грянули им навстречу из глубины школьного двора, заросшего пропыленными за лето тополями.

Потом в полутьме кафе Никита угощал ее мороженым с орехами и как ни в чем не бывало болтал и шутил без умолку. На столике стоял букет белых ромашек.

— Что? — то и дело переспрашивала она, хихикая и прикрываясь ладошкой, будто светская дама.

За окнами угасал теплый день конца бабьего лета, но в кафе было прохладно. Ветерок надувал паруса занавесок. Ей мерещились даже шум моря, нарядная толпа, прогуливающаяся вдоль набережной, и она сама в розовом кружевном платье, в широкополой шляпе, как в фильмах о стародавних временах.

С тех пор они стали встречаться. После школы. Не очень часто, правда, хотя могли бы каждый день, потому что родичи Никиты уже третий год обитали на Кипре. Но ему самому все время было некогда. Все время ему кто-нибудь звонил, или он сам летел на встречу с кем-то. Или прямо домой к нему приходили какие-то типы, и они по полчаса в прихожей шептались, шуршали по-мышиному. И вдруг пропадали, словно проваливались под пол.

В общем, он что-то там покупал, продавал, химичил втихую. Если честно, Таню это не очень занимало. Тем более что о своих делах он сам молчал как партизан. Ну а она и не лезла с расспросами. Зачем человека напрягать? Думала только иногда: «Умеют же некоторые по-тихому, без суеты... И все у них получается, и деньги есть, и в школе порядок — учителя не надышатся, ребята уважают, — и с родной бабкой полнейший контакт. Да это же просто талант!»

И главное, ей самой с ним было так здорово, так потрясающе чудесно. Мгновенно забывались слякоть, дождь и ветер, безжалостно обносивший деревья, и приближение осенних, темных, как провалы, вечеров. Казалось, тепло и солнце бабьего лета длятся и длятся и не исчезнут никогда.

Тамарка даже с ней поссорилась, не вытерпев ее рассказов. Овца! Сказала: «Все ты врешь!»

И это называется подруга! Зачем ей врать, скажите-ка на милость, когда все так и было, как она рассказывала ей.

Но вот тоска — теперь не с кем было даже поделиться. А так хотелось иногда в подробностях, не торопясь... Про ту странно певучую легкость, почти невесомость, которая охватывает тебя, когда, накинув шелковый халат Никитиной мамаши, летишь в ванную, неслышно соскользнув с белой французской кровати. Тела нет, оно осталось там, в нагретых, влажноватых, сбитых простынях, там, где, как падишах, скрестив ноги, сидит и пьет шампанское, и трубит в нос жизнерадостно-бодрое что-то до обидного ставший теперь независимым — он.

И вспыхивает свет, шумит, льется вода. И можно стоять и стоять без движения в истоме, растворяясь в тепле, в игре света и тени, в детском вымысле, в птичьей мечте, в шелковистых потоках воды.

А потом скорее шмыгнуть ему под бочок и лежать, затаившись, прижавшись. И слушать непогоду за окном, и стук в стекло истерзанных деревьев, не могущий нарушить твой покой...

Но нет, все это она сохранит для себя. Рассказывать же надо про другое. Вот только вопрос — кому?

Тамарка отпала. Девчонки из класса, которые еще недавно чуть не впрыгивали Тане в рот, когда она повествовала о каких-нибудь своих особенно сногсшибательных приключениях, вдруг потеряли к ней всякий интерес. Девчонок теперь занимало другое — тайная мафия, якобы появившаяся у них в районе. По слухам, мафия преследовала школьниц, чтобы проверить, девственницы ли они. Если узнают, что нет, начинают пытать, а потом убивают. Говорили, таким путем они хотят не допустить распространения СПИДа в стране.

В общем, очередная чушь, похожая на стариковские бредни. У Тани от смеха рези начинались в животе, когда слушала про такое. Но девчонки словно с ума посходили. Каждый день кто-нибудь приносил все новые и новые подробности. О том, как мафия выслеживает жертвы, преследует, затаскивает в подвалы или на чердаки. И если не подчинишься их воле, то раздевают догола, фотографируют в самых безумных позах и рассылают кошмарные снимки — родителям, учителям, друзьям.

Прошел даже слух, что уже появилась и первая жертва в их классе. Тихая, маленькая Катя Мезинцова. Будто ее проверили, но оставили жить.

На перемене в туалете Таня для хохмы попробовала было разобраться: что значит проверили? Как именно и кто? Но Катька, не поняв шутки, закрыла лицо руками и выбежала в коридор.

От Мезинцовой все стали шарахаться. Никто не хотел с ней сидеть, разговаривать, даже близко стоять. Ну, естественно, каждая из этих клуш думала первым делом: «Мало ли... Осторожность не помешает. А вдруг от Катьки эта напасть перекинется и на меня?»

И сама Мезинцова, конечно, была хороша. Сколько раз потом Таня пыталась поговорить с ней серьезно, выяснить, в чем там по правде дело, чтобы развеять дурацкие слухи. Все бесполезно. Катька даже на перемене не выходила из класса, а на улице, едва завидев Таню, сразу сворачивала за угол, шмыгала в магазин или подъезд. Спрашивается, что с такой малахольной взять?

А слухи все разрастались, находя себе новых и новых героев. Уже шептались по углам про Светку Тихомирову. Вроде бы мафия теперь вплотную заинтересовалась и ею.

И вот бело-розовая, сдобная хохотушка Светка начала беспричинно оглядываться, вздрагивать и бледнеть. Во взгляде ее появилась какая-то заячья загнанность. И все чаще после уроков ее можно было увидеть сидящей на подоконнике в туалете, где дуло из всех щелей и пахло хлоркой и табачным дымом. То и дело она припадала к щелке, процарапанной в белой краске, которой закрашены окна. Глядела во двор, поджидая отца, встречавшего теперь ее у школы, как первоклашку.

— Ну, с вами не соскучишься, подруги! — звонко смеялся Никита, когда Таня передавала ему все это с подробностями. И просил повторить еще. Таня видела — это его увлекает. И, ободренная, старалась изо всех сил.

Однажды вечером, по обыкновению, забрели к нему. Были еще Боцман и Вадик Кирюшкин. И вдруг Никита, обращаясь к Тане, предложил:

— А давай позвоним Тихомировой. Ты позовешь ее к телефону и передашь сразу трубочку мне.

— Это зачем? — удивилась Таня.

— Просто так, — усмехнувшись, сказал Никита. — Ведь кому-то же надо дур учить. А на мужские голоса она уже не подходит.

От неожиданности Таня какое-то время молчала.

— А ты что, уже пробовал? — наконец тихо спросила она.

— Ну давай, набирай, — словно не слыша вопроса, продолжал Никита и пододвинул аппарат.

«Ой, да, может, они-то и есть эта самая мафия! — мелькнуло тут у Тани в голове. — Вот смех-то!» — И такая обида и горечь опять захлестнули, что перехватило дыхание.

— Не хочу! — замотала она головой. Геометрия комнаты перекосилась, диван, полка с книгами, плакатики на стенах стали качаться, набухать и, наконец, сорвавшись с места, поплыли, растекаясь у нее в глазах. «Все понятно, одной меня ему уже мало». — Она встала с кресла и, не оборачиваясь, быстро пошла к двери.

Дня четыре они потом не разговаривали. В школе Таня старалась делать вид, что не замечает его. Правильно мать говорит: «Надо уметь показать свою гордость».

В пятницу он позвонил ей сам. На вопрос, зачем ему Тихомирова и вообще вся эта дурацкая затея с мафией (к тому времени Таня была уверена, вспомнив его перемигивания с ребятами, шептания, клочки разговоров), он ответил серьезно и просто:

— Да это не мне, глупышка! Это ребятам моим, всем людям, всей стране нашей надо. Стал бы я из-за себя...

Естественно, Таня на это сухо рассмеялась:

— Неужели? А по-моему, ты просто издеваешься надо мной.

Она прислушалась. Он молчал. Похоже было, что сейчас обидится, бросит трубку, и уж тогда наверняка — конец. Ни за что, никогда... «Боже мой, что я делаю, идиотка!» — подумала Таня. И не выдержав, вмиг забыв обо всем, выдохнула с какой-то отчаянной страстью:

— Ну скажи, в чем я перед тобой виновата? Я исправлюсь, я умная девочка. Нет, ты только скажи... А? Ни-ки-та!

В ответ он неожиданно попросил у нее прощения. На другой день после школы подарил пять сиреневых гвоздик. Это, может, покажется смешным, но до этого ей никто не дарил цветов. Даже на день рождения — мать всегда ей или шмотку купит, или сунет деньги, если бегать по магазинам времени нет. А отец, тот вообще все забывал со своей работой. Гвоздики потом стояли десять дней и не вяли. Сиреневые курчавые их головки смотрели из вазы задорно и гордо. И Таня решила: «Значит, правда любит. А то, что он как-то там с кем-то, меня не волнует теперь».

С тех пор Таня стала делать все, что он хотел. Прежде всего она позвонила Светке. Оказалось, что это совсем не позорно и не обидно. Напротив даже, увлекательно. Мать позвала Светку к телефону. Светка взяла трубку: «Алле!» Но Таня молчала. Голос Светки дрогнул, словно захлестнутый невидимым шнуром, рванулся, испуганно задохнувшись. На какую-то долю секунды Тане почудилось, что другой конец шнура она держит в руках. И теперь в ее власти — ослабить или же, не торопясь, затянуть до конца.

И вот что удивило еще — Светка не бросила трубку. Как завороженная твердила свое: «Алле!..» — и чего-то ждала. Может быть, того момента, когда из шорохов, потрескивания, свиристенья вдруг раздастся глухой (через носовой платок) подвальный голосок Никиты:

— Мы тебя ждали неделю назад на стройке у леса, но ты не пришла. Как ты посмела ослушаться нас?

Трубка сейчас же ожила, застрекотала.

— Не ври! — прихлопнул сейчас же всю эту музыку Никита. — Мы знаем каждый твой шаг. Подойди к окну... Видишь, мои ребята на месте. Даем тебе последний срок — в среду, в семь. Если опять кинешь нас, то пеняй на себя.

Потом Никита рассказал, что уже много дней за Светкой ходили по пятам: Вано, Двадцать девятый, Граф, Шнурок — ребята, которых Светка не знала. Не приставали, просто шли от школы следом. Она остановится — и они тормознут сейчас же, она побежит — и они молчаливо припустят за ней. Но когда Светку стал встречать после школы отец, тактику пришлось изменить. Теперь они вечерами посменно маячат у Светкиного подъезда. При этом кто-нибудь время от времени звонит ей из автомата и просит выглянуть в окно. «Знаешь, получилось даже лучше, — веселился Никита, — подбежит к окну и минуты три стоит без движения за занавеской, думает, что нам не видно. Но тень проступает на ткани отлично, обзор стопроцентный. Смотришь — раз, занавеска зашевелилась, и вот уже с краю прилепилось лицо. Почему-то всегда неживое, зеленое, может, от света... Увидит нас и отшатнется, как от вспышки. Смотрела фильм о хэллоуине? Вот и она так же. Я серьезно говорю».

Рассказывалось это не без гордости, потому что в основе лежала его идея: «Она должна к нам прийти сама. И добровольно на все согласиться».

В понедельник на перемене Никита попросил Таню подложить Светке записку. С одной стороны бумажку закрасили черной краской, с другой написали: «Не вздумай нас обмануть».

Тане было удобно это сделать. Они сидели с Тихомировой вместе на химии.

Когда после геометрии, забежав в химический кабинет, все побросали свои вещи и вылетели в коридор, Таня порылась у Светки в сумке и быстро сунула записку в тетрадь по химии, на ту страницу, где кончались записи. Прозвенел звонок, все стали шумно рассаживаться по своим местам. Светка открыла тетрадь и замерла, увидев квадратиком сложенную траурно-черную бумажку.

Нет, она не развернула записку сразу, не прочла, а только очень сильно побледнела, уставившись в тетрадь, словно крольчиха в пасть удава.

В среду к вечеру зарядил мелкий дождь вперемежку со снегом. В лужах зыбкими желто-зелеными пятнами расплылся свет фонарей, дух забродившей листвы потянулся с тротуаров и с топких газонов. Они топтались возле серого деревянного забора, которым была окружена стройка, подняв воротники курток и пальто. Глиняная жижа, разнесенная самосвалами, окропленная то тут, то там разноцветной листвой, черно блестела повсюду, напоминая поверхность лесного глухого омутка.

Все посматривали на часы, ругали погоду и то, что по собственной дурости назначили Светке встречу именно здесь. Один Никита спокойно курил под зонтом. Самодовольное его спокойствие раздражало Таню. Он держался так, словно все обязаны ему и просто не могут не выполнить каждое его хотение.

— По-моему, ты слишком уверен в себе... Нет?.. Ты так не считаешь? — то и дело цеплялась она к Никите. — А Тихомирова возьмет и не придет. С какой стати ей в такую погоду куда-то переться?

Минутная стрелка безучастно пересекла двенадцать и поползла себе дальше. Таня победно хмыкнула, ребята зароптали:

— Долго ждать-то будем? Стоим тут, как лохи...

— А я никого не держу, — отозвался на это Никита.

И почти сейчас же из арки ближнего дома выскользнула зябкая фигурка в расстегнутом пальто и, то и дело озираясь, стала быстро приближаться к стройке.

«А может, он и правда необыкновенный какой-нибудь, — растерянно подумала Таня, чувствуя, что почва уходит из-под ног. — Раз ему все в жизни так легко удается».

Стараясь не попасться Светке на глаза, она обогнула забор и быстрым шагом направилась к сорок третьему дому. По уговору с Никитой она должна была во втором подъезде подняться на чердак, спрятаться там и ждать.

Действительно, дверь на чердак оказалась не заперта. Застоявшийся, спертый воздух ударил в лицо. Таня зажгла отцовский фонарик, который предусмотрительно взяла с собой. Жиденький кружок света выхватил из темноты старый диван с рыжей обивкой в цветочек, колченогий стол. В углу торчал прямоугольником какой-то деревянный щит. Таня осторожно двинулась туда.

Щит стоял накренясь, верхним краем упирался в балку. Не долго думая, Таня скользнула в узкое пространство между щитом и стеной, напоминавшее шалаш, или, как они говорили с Тамаркой в детстве, — холобуду, присела и затаилась там, почувствовав себя вдруг снова маленькой.

Время, казалось, замерло. Никто не приходил.

От темноты, гробовой тишины ей скоро стало совсем неуютно. Особенно когда обострившийся слух различил едва уловимое шуршание в дальнем углу чердака. Полезли сразу в голову фильмы о безносых ощеренных мертвецах, убийцах в черных масках, полуночном скрипе дверей, руках с топорами, кинжалами, просунутых в узкую щель, костлявых, длинных пальцах садистов-душителей...

Таня скорее включила фонарик и, высунувшись из-за щита, осветила то место, где шуршало. Раздался истошный кошачий визг, две тени метнулись к двери. Таня чуть не лишилась сознания. Правда, сейчас же и рассмеялась тихонько над своими нелепыми страхами. Но руки все равно так дрожали, что, когда с лестницы донеслись шаги, ей не сразу удалось погасить фонарик.

Хлопнула дверь, кто-то, споткнувшись, матернулся. Осторожно Таня выглянула опять. Вспыхнула спичка, затеплилась свечка. Возле дивана в окружении темных фигур ребят, словно за частоколом, всплыло на миг Светкино обескровленное лицо.

— А будешь дергаться, мы тебе почки отобьем. Всю жизнь потом придется через трубочку писать, — произнес глухо чей-то хрипловатый голос.

Ребята зашевелились, образовался круг, который, то сжимаясь, то расширяясь, под сдавленно-азартные возгласы: «За руки держи!.. Ноги! Ноги, черт! Осторожней!» — задвигался, завертелся водоворотом, затягивая Светку с головой.

Пару раз она вынырнула, успевая крикнуть:

«Я прошу! Ну, пожалуйста, миленькие!.. Ведь я девочка! Я клянусь!.. Умоляю!»

Послышались странные звуки, похожие на шлепки. И ясный голос Никиты откуда-то из центра круга, где билось, рвалось, трепетало, задушенно хрипя, живое: «Я не из-за кого не намерен свои принципы менять».

Нет, Таня не ревновала его сейчас. Светку она не воспринимала уже как соперницу. Смешно было даже представить ее соперницей теперь.

«Ну вот, распустила сопли, — думала Таня чуть брезгливо. — А что кричать? От этого не умирают».

И ничего, кроме брезгливой отстраненности, не почувствовала она, когда круг распался и Никита стал повелительно говорить сидящей на диване и плачущей тихо Светке:

— Ты должна с этого дня по каждому нашему зову являться. И попробуй пожаловаться комунибудь, мы тебя из-под земли достанем. И отцу твоему все распишем, что ты проделывала тут. По собственной, доброй воле, заметь. Он тебя сразу убьет.

И еще в тот вечер Таня обрела долгожданное ощущение своего превосходства над Светкой и ей подобными, интеллигентками, маменькиными дочками, которые втайне — Таня знала точно — всегда презирали ее: весь набор ее приколов, все ее сногсшибательные рассказы, обрывавшие дыхание другим девчонкам. Естественно, у этих правильных чистюль на уме всегда было совсем другое: книжечки, отметки, за которые они готовы удавиться...

Ну вот пускай и они узнают теперь настоящую жизнь, у которой есть зубы, локти, кулаки... Чтобы как большинство, по справедливости, не весь же век за маменькиными юбками в теплых квартирах скрываться. И рассуждать свысока, что в жизни надо хоть что-нибудь уметь делать хорошо. Рассуждать легко, других учить еще проще. Ну а самим попробовать? Жизнь подкинула случай... И сразу в сопли? Оказалось слабо?

С того дня родилось у Тани нестерпимое желание преподнести урок еще одной высоколобой. Ну да, этой кудрявой главной выступальщице, Оксанке Солончак, умевшей только гордо вскидывать головку, ходить, прогнувши спину, ставить ноги треугольником — пятки вместе, носки врозь, чтобы все видели по походке, что занимается балетом.

Никто в классе не имел таких модных шмоток, как она, никто так стильно не танцевал, ни за кем так отчаянно, нагло, в открытую не ухаживали ребята... А это не должно, не имеет права быть, чтобы у одних оказывалось все. Да еще за счет папаши — депутата из Госдумы. Такие вот, вроде него, деятели и разорили страну. И до сих пор, между прочим, не под судом, не расстреляны. Живут себе и в ус не дуют на народные денежки. Хотя тут не только все люди, сама природа должна возмутиться.

Вот если б гордая Оксанка с мольбами о спасении ползала у Никиты в ногах... Да, это был бы класс! Закачаешься!

Но с Оксанкой отчего-то сразу не заладилось. Угрозы по телефону на нее не влияли — она, не дослушав, бросала трубку. Когда же Двадцать девятый и Шнурок по заданию Никиты хотели ее припугнуть и к окончанию занятий подтянулись к школе, она вообще провела их, как чайников, выскользнув с другой стороны, через подвал, где жила школьная нянечка тетя Паша. Там была еще одна дверь. А ее отец в тот же вечер посетил Никиту и, не переступив порога, очень внушительно предупредил: «Если ты, мразь, не оставишь мою дочь в покое, я с тобой в другом месте поговорю».

Визит его произвел на Никиту впечатление. Впервые Никита заколебался. К тому же во всей этой истории с Солончак оказалось много необъяснимых странностей. Например, каким образом Оксанка могла догадаться про подвальную дверь, о которой даже из ребят не каждый знал. И откуда к ее отцу пришел треп о Никите?

Стали не торопясь выяснять, дознаваться. И оказалось, что виновник всех этих проколов с Оксанкой — Яблоков Андрей.

Для Тани это открытие прозвучало как гром среди ясного неба. Уж от кого от кого, а от Андрюшки Яблокова она такого подлого предательства не ожидала. Ведь всегда считала его очень даже нормальным парнем. Тихий такой, голубоглазый, симпатичный. И к ней не равнодушен, она знала точно.

Поэтому, когда стали думать, кому выманивать его и вести в лес на разборку, выбор остановился на ней. Никита сказал: «Ты у нас умная девочка. У тебя должно получиться». Так прямо и сказал при всех.

Она ужасно загордилась от таких слов. И даже вытащила Яблокова с хазы на час раньше, чем надо. Боялась, что он куда-нибудь слиняет. Ищи тогда ветра в поле.

И вот пришлось с ходу изобретать, чем его занять. Сначала она завела его в подъезд дома, что стоял у леса. Там подоконники были хоть и узкие, но можно устроиться, привалившись спиной к стеклу, длинными ногами в короткой юбке упершись эффектно в стенку. Как на картинке в каком-нибудь модном журнале.

А на улице снег валил, окно по-слюдяному блестело. И все время ее подмывало проверить: неужели его так охмурила Оксанка, что он решился сдать всех ребят, пойти против Никиты и, главное, — изменить ей, Тане! Ведь с седьмого класса на нее явно западал, и даже то, что она стала подругой Никиты, его не охладило, а тут вдруг раз... Ради какой-то макаки...

Скоро она успокоилась, потому что от ее близости он заторчал, как всегда. Она ясно ощущала его волнение и этот шалый взгляд, скользящий то по ногам ее, то по груди, выступавшей под красным свитером из распахнутой курточки. Ведь сидели вдвоем в полутьме. Лампочка там была разбита.

И тогда захотелось его испытать: осмелится

или же просидит по-пионерски? Ведь Никита теперь все равно никогда не узнает.

Она словно видела себя со стороны: наркотический блеск черных глаз и мягкую обольстительную улыбку, озарявшую изнутри овальное хорошенькое личико, когда, выставив острый локоток, томно прогнувши спину, поднимала руку к голове, чтобы поправить волосы, или, обняв себя за плечи с нежной слабостью, которая так украшает женщин, морщила носик, пожималась зябко от сквозняков.

В такие минуты у Тани всегда отпадали последние сомнения в силе своей и возможностях и ожидающей впереди обалденной судьбе. Легко и бездумно становилось, точно с горки на санках летишь.

И вот придвинулась к нему поближе и, машинально чертя пальцем извилистые линии у него на рукаве, стала рассказывать, что был у нее парень, красивый, как бог. И любил без ума — цветы дарил каждый день, на коленях стоял и к родителям даже водил знакомить. На Пасху, представляешь? Да, с дач все вербу везли... Хотя нет, вербу — это на Вербное... На Пасху, кажется, без вербы. На Пасху ведь куличи пекут. Знаешь, в детстве бабка их напечет, на постель в полотенцах положит и сверху еще одеялом укутает. Одеяло становится теплым, набухает. И кажется, что они там возятся, сопят и растут, как живые, в уюте...

— А потом я его бросила, — сказала вдруг. — Слишком хороший и правильный был! Вроде тебя. Неинтересно! — И так захохотала, откинув голову, что со всего маху саданулась затылком о стекло. Чуть не выбила, вот прикол!

Тут он и вскинулся наконец, напрягся, потянулся, обнял, стал целовать в глаза быстрыми, легкими поцелуями, так нежно, необыкновенно, удивительно, будто женщина прямо, потом прижал.

— Ты что? — прошептала она, про себя удивляясь таким бабским нежностям, и мягко, но решительно отстранилась. А то неизвестно, куда зайдет, если двигаться такими темпами. Или ресницы потекут, а у Никиты глаз милицейский. Потом не отбрешешься.

— Жалко тебя. Всех нас очень жалко, — сдавленно как-то, горько забормотал Андрей.

— Жалко? Ну ты даешь!

Она так растерялась, даже не знала, что сказать. Ведь ожидала совсем другого. Да, Яблоков ее очень сильно удивил.

Даже когда вышли уже из подъезда на улицу и потопали по аллейке сквозь живую аркаду сомкнувших сквозные верхушки деревьев, потом по тропинке, присыпанной хвоей и тающим снегом, вдоль блестящего бисером мокрого ельника, она все никак не могла прийти в себя, думала над его словами: «Вот чудила!» И было как-то муторно на душе, нехорошо.

Но стоило дойти до оврага, спуститься по протоптанной дорожке вниз, туда, где их уже дожидались за кустами невидимые до поры Никита, Боцман и Вадик Кирюшкин, настроение у Тани сейчас же поправилось. Естественно, а то подумают еще по дури, что она струхнула.

Клочья бурой травы, похожей на свалявшуюся шерсть какого-то доисторического существа, проступали отчетливо из-под нестойкого снега. На дне захлебывался, лопотал и булькал, взломав тонкую корочку льда, ручей.

Тут Яблоков вдруг остановился и, точно приходя в себя после глубокого забытья, с удивлением стал озираться по сторонам.

— Послушай, куда мы идем?

— А я, что ли, знаю? — постаравшись попасть в тон вопроса, мгновенно нашлась Таня и громко рассмеялась: — Ты же хотел побыть со мной наедине. А в подъезде люди ходят, мешают.

Впереди, метрах в трех, у кустов краснотала желтела кочковатыми краями свежевырытая продолговатая яма. Рядом лежали две ржавые бочки, которые они с Боцманом и Никитой вчера прикатили со стройки, чтобы использовать для маскировки, когда яму придется засыпать.

— Ну, чего ты молчишь? А то становится скучно. Не находишь?

Яблоков не проронил ни звука. Стоял и смотрел ей в лицо. Она подумала: «Что же это он так пялится? Может, там отразилось что-нибудь такое против моей воли? Чего ему не надо знать?» Значит, она не владеет лицом. А это должна уметь делать с пеленок каждая настоящая женщина. Придется дома у зеркала потренироваться.

Таня занервничала, заторопилась:

— Ну ясненько, в молчанку хочешь поиграть.

Я решила: раз так, мы сейчас быстро перекурим и двинем назад.

Когда доставала пачку, заметила, что руки немного дрожат. Вот сыкуха. Ну чего трепыхаться заранее? Ведь пока все идет строго по плану.

Она сделала шаг вперед и протянула Яблокову сигарету так, чтобы тот, невольно потянувшись, повернулся спиной к кустам. Сейчас же из кустов бесшумно появился Никита с молотком в руке.

Появление Никиты выглядело, как в кино, — почти смешно и совсем не натурально. Словно он решил схохмить. Вид у него был какой-то дурацкий.

Стараясь не рассмеяться, она чиркнула спичкой, ладони сложила шалашиком, поднесла Яблокову огоньку, чтоб голову нагнул удобнее. И тогда без размаха Никита ударил в коротко стриженный круглый Андрюхин затылок.

СОДЕРЖАНИЕ

РУССКОЕ ЗОЛОТО 3

РАССКАЗЫ

По следам графа Монте-Кристо 239
Будьте как дома 260
Борцы со СПИДом 284

Литературно-художественное издание

Серия
«РОССИЯ: ТАК МЫ ЖИВЕМ»

ВЛАДИМИР ЛЬВОВИЧ ЯКИМЕНКО

РУССКОЕ ЗОЛОТО

Редактор *С. А. Бессонова*
Технический редактор *Н. В. Сидорова*
Корректор *В. И. Киселева*

ООО «Издательство «Олимп»
Изд. лиц. ИД № 04546 от 16.04.2001
129085, Москва, пр. Ольминского, д. 3а, стр. 3
E-mail: olimpus@dol.ru

ООО «Издательство АСТ».
Изд. лиц. ИД № 02694 от 30.08.2000
674460, Читинская обл., Агинский р-н,
п. Агинское, ул. Базара Ринчино, д. 84.
www.ast.ru
E-mail: astpub@aha.ru

Республиканское унитарное предприятие
«Полиграфический комбинат имени Я. Коласа».
220600, Минск, ул. Красная, 23.

38-